全国普法学习读本

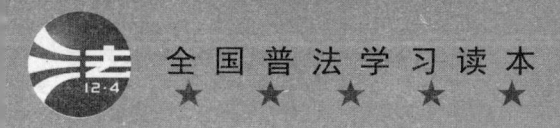

经营管理法律法规学习读本

经营专项法律法规

曾 朝 主编

加大全民普法力度，建设社会主义法治文化，树立宪法法律至上、法律面前人人平等的法治理念。

——中国共产党第十九次全国代表大会《决胜全面建成小康社会 夺取新时代中国特色社会主义伟大胜利》

汕头大学出版社

图书在版编目（CIP）数据

经营专项法律法规/曾朝主编. -- 汕头：汕头大学出版社，2023.4（重印）
（经营管理法律法规学习读本）
ISBN 978-7-5658-3444-8

Ⅰ.①经… Ⅱ.①曾… Ⅲ.①经济法-中国-学习参考资料 Ⅳ.①D922.290.4

中国版本图书馆 CIP 数据核字（2018）第 000760 号

经营专项法律法规　　JINGYING ZHUANXIANG FALÜ FAGUI

主　　编：	曾　朝
责任编辑：	汪艳蕾
责任技编：	黄东生
封面设计：	大华文苑
出版发行：	汕头大学出版社
	广东省汕头市大学路 243 号汕头大学校园内　邮政编码：515063
电　　话：	0754-82904613
印　　刷：	三河市元兴印务有限公司
开　　本：	690mm×960mm 1/16
印　　张：	18
字　　数：	226 千字
版　　次：	2018 年 1 月第 1 版
印　　次：	2023 年 4 月第 2 次印刷
定　　价：	59.60 元（全 2 册）

ISBN 978-7-5658-3444-8

版权所有，翻版必究
如发现印装质量问题，请与承印厂联系退换

前　言

习近平总书记指出："推进全民守法，必须着力增强全民法治观念。要坚持把全民普法和守法作为依法治国的长期基础性工作，采取有力措施加强法制宣传教育。要坚持法治教育从娃娃抓起，把法治教育纳入国民教育体系和精神文明创建内容，由易到难、循序渐进不断增强青少年的规则意识。要健全公民和组织守法信用记录，完善守法诚信褒奖机制和违法失信行为惩戒机制，形成守法光荣、违法可耻的社会氛围，使遵法守法成为全体人民共同追求和自觉行动。"

中共中央、国务院曾经转发了中央宣传部、司法部关于在公民中开展法治宣传教育的规划，并发出通知，要求各地区各部门结合实际认真贯彻执行。通知指出，全民普法和守法是依法治国的长期基础性工作。深入开展法治宣传教育，是全面建成小康社会和新农村的重要保障。

普法规划指出：各地区各部门要根据实际需要，从不同群体的特点出发，因地制宜开展有特色的法治宣传教育坚持集中法治宣传教育与经常性法治宣传教育相结合，深化法律进机关、进乡村、进社区、进学校、进企业、进单位的"法律六进"主题活动，完善工作标准，建立长效机制。

特别是农业、农村和农民问题，始终是关系党和人民事业发展的全局性和根本性问题。党中央、国务院发布的《关于推进社会主义新农村建设的若干意见》中明确提出要"加强农村法制建设，深入开展农村普法教育，增强农民的法制观念，提高农民依法行使权利和履行义务的自觉性。"多年普法实践证明，普及法律知识，提高法制观念，增强全社会依法办事意识具有重要作用。特别是在广大农村进行普法教育，是提高全民法律素质的需要。

多年来，我国在农村实行的改革开放取得了极大成功，农村发生了翻天覆地的变化，广大农民生活水平大大得到了提高。但是，由于历史和社会等原因，现阶段我国一些地区农民文化素质还不高，不学法、不懂法、不守法现象虽然较原来有所改变，但仍有相当一部分群众的法制观念仍很淡化，不懂、不愿借助法律来保护自身权益，这就极易受到不法的侵害，或极易进行违法犯罪活动，严重阻碍了全面建成小康社会和新农村步伐。

为此，根据党和政府的指示精神以及普法规划，特别是根据广大农村农民的现状，在有关部门和专家的指导下，特别编辑了这套《全国普法学习读本》。主要包括了广大人民群众应知应懂、实际实用的法律法规。为了辅导学习，附录还收入了相应法律法规的条例准则、实施细则、解读解答、案例分析等；同时为了突出法律法规的实际实用特点，兼顾地方性和特殊性，附录还收入了部分某些地方性法律法规以及非法律法规的政策文件、管理制度、应用表格等内容，拓展了本书的知识范围，使法律法规更"接地气"，便于读者学习掌握和实际应用。

在众多法律法规中，我们通过甄别，淘汰了废止的，精选了最新的、权威的和全面的。但有部分法律法规有些条款不适应当下情况了，却没有颁布新的，我们又不能擅自改动，只得保留原有条款，但附录却有相应的补充修改意见或通知等。众多法律法规根据不同内容和受众特点，经过归类组合，优化配套。整套普法读本非常全面系统，具有很强的学习性、实用性和指导性，非常适合用于广大农村和城乡普法学习教育与实践指导。总之，是全国全民普法的良好读本。

目　录

巡游出租汽车经营服务管理规定

第一章　总　则…………………………………………（1）
第二章　经营许可………………………………………（2）
第三章　运营服务………………………………………（6）
第四章　运营保障………………………………………（9）
第五章　监督管理………………………………………（11）
第六章　法律责任………………………………………（11）
第七章　附　则…………………………………………（13）
附　录
　《出租汽车驾驶员从业资格管理规定》和《巡游出租汽车
　　经营服务管理规定》解读……………………………（15）
　网络预约出租汽车经营服务管理暂行办法……………（18）
　关于网络预约出租汽车经营者申请线上服务能力认定
　　工作流程的通知………………………………………（30）

餐饮业经营管理办法（试行）

餐饮业经营管理办法（试行）……………………………（34）

快递业务经营许可管理办法

第一章　总　则…………………………………………（38）
第二章　许可条件………………………………………（39）
第三章　审批程序………………………………………（41）
第四章　许可证管理……………………………………（43）
第五章　监督检查………………………………………（44）

— 1 —

第六章　法律责任 …………………………………………（45）
第七章　附　则 ……………………………………………（46）

电信业务经营许可管理办法

第一章　总　则 ……………………………………………（47）
第二章　经营许可证的申请 ………………………………（48）
第三章　经营许可证的审批 ………………………………（50）
第四章　经营许可证的使用 ………………………………（52）
第五章　经营行为的规范 …………………………………（53）
第六章　经营许可证的变更、撤销、吊销和注销 ………（54）
第七章　经营许可的监督检查 ……………………………（57）
第八章　法律责任 …………………………………………（59）
第九章　附　则 ……………………………………………（60）

农药经营许可管理办法

第一章　总　则 ……………………………………………（61）
第二章　申请与受理 ………………………………………（62）
第三章　审查与决定 ………………………………………（64）
第四章　变更与延续 ………………………………………（64）
第五章　监督检查 …………………………………………（65）
第六章　附　则 ……………………………………………（67）

表演经营活动管理

网络表演经营活动管理办法 ………………………………（68）
文化部关于规范营业性演出票务市场经营秩序的通知 ………（74）

通用航空经营许可管理规定

第一章　总　则 ……………………………………………（78）
第二章　经营许可条件和程序 ……………………………（80）

第三章	经营许可证的管理	(83)
第四章	监督检查	(84)
第五章	法律责任	(88)
第六章	附　则	(89)

旅游信息服务管理

旅游经营服务不良信息管理办法（试行） ………………… (90)
国家旅游局关于规范旅行社经营行为维护游客
　合法权益的通知 ………………………………………… (96)

艺术品经营管理办法

第一章	总　则	(98)
第二章	经营规范	(99)
第三章	艺术品进出口经营活动	(101)
第四章	法律责任	(103)
第五章	附　则	(104)

附　录

　美术品经营管理办法 ……………………………………… (105)
　印刷业经营者资格条件暂行规定 ………………………… (110)

经营高危险性体育项目许可管理办法

第一章	总　则	(114)
第二章	申请与审批	(115)
第三章	监督检查	(117)
第四章	法律责任	(118)
第五章	附　则	(119)

兽用生物制品经营管理办法

兽用生物制品经营管理办法 ………………………………… (120)

港口经营管理规定

第一章　总　　则…………………………………………（124）
第二章　资质管理…………………………………………（126）
第三章　经营管理…………………………………………（131）
第四章　监督检查…………………………………………（133）
第五章　法律责任…………………………………………（134）
第六章　附　　则…………………………………………（135）

巡游出租汽车经营服务管理规定

中华人民共和国交通运输部令
2016 年第 64 号

《交通运输部关于修改〈出租汽车经营服务管理规定〉的决定》已于 2016 年 7 月 26 日经第 17 次部务会议通过，现予公布，自 2016 年 11 月 1 日起施行。

交通运输部部长
2016 年 8 月 26 日

第一章 总 则

第一条 为规范巡游出租汽车经营服务行为，保障乘客、驾驶员和巡游出租汽车经营者的合法权益，促进出租汽车行业健康发展，根据国家有关法律、行政法规，制定本规定。

第二条 从事巡游出租汽车经营服务，应当遵守本规定。

第三条 出租汽车是城市综合交通运输体系的组成部分，是城市公共交通的补充，为社会公众提供个性化运输服务。优先发展城市公共交通，适度发展出租汽车。

巡游出租汽车发展应当与城市经济社会发展相适应，与公共交通等客运服务方式协调发展。

第四条　巡游出租汽车应当依法经营，诚实守信，公平竞争，优质服务。

第五条　国家鼓励巡游出租汽车实行规模化、集约化、公司化经营。

第六条　交通运输部负责指导全国巡游出租汽车管理工作。

各省、自治区人民政府交通运输主管部门在本级人民政府领导下，负责指导本行政区域内巡游出租汽车管理工作。

直辖市、设区的市级或者县级交通运输主管部门或者人民政府指定的其他出租汽车行政主管部门（以下称出租汽车行政主管部门）在本级人民政府领导下，负责具体实施巡游出租汽车管理。

第七条　县级以上地方人民政府出租汽车行政主管部门应当根据经济社会发展和人民群众出行需要，按照巡游出租汽车功能定位，制定巡游出租汽车发展规划，并报经同级人民政府批准后实施。

第二章　经营许可

第八条　申请巡游出租汽车经营的，应当根据经营区域向相应的县级以上地方人民政府出租汽车行政主管部门提出申请，并符合下列条件：

（一）有符合机动车管理要求并满足以下条件的车辆或者提供保证满足以下条件的车辆承诺书：

1. 符合国家、地方规定的巡游出租汽车技术条件；

2. 有按照第十三条规定取得的巡游出租汽车车辆经营权。

（二）有取得符合要求的从业资格证件的驾驶人员；

（三）有健全的经营管理制度、安全生产管理制度和服务质量保障制度；

（四）有固定的经营场所和停车场地。

第九条 申请人申请巡游出租汽车经营时，应当提交以下材料：

（一）《巡游出租汽车经营申请表》；

（二）投资人、负责人身份、资信证明及其复印件，经办人的身份证明及其复印件和委托书；

（三）巡游出租汽车车辆经营权证明及拟投入车辆承诺书，包括车辆数量、座位数、类型及等级、技术等级；

（四）聘用或者拟聘用驾驶员从业资格证及其复印件；

（五）巡游出租汽车经营管理制度、安全生产管理制度和服务质量保障制度文本；

（六）经营场所、停车场地有关使用证明等。

第十条 县级以上地方人民政府出租汽车行政主管部门对巡游出租汽车经营申请予以受理的，应当自受理之日起20日内作出许可或者不予许可的决定。

第十一条 县级以上地方人民政府出租汽车行政主管部门对巡游出租汽车经营申请作出行政许可决定的，应当出具《巡游出租汽车经营行政许可决定书》，明确经营范围、经营区域、车辆数量及要求、巡游出租汽车车辆经营权期限等事项，并在10日内向被许可人发放《道路运输经营许可证》。

县级以上地方人民政府出租汽车行政主管部门对不符合规定条件的申请作出不予行政许可决定的，应当向申请人出具《不予行政许可决定书》。

第十二条 县级以上地方人民政府出租汽车行政主管部门应当按照当地巡游出租汽车发展规划，综合考虑市场实际供需状况、巡游出租汽车运营效率等因素，科学确定巡游出租汽车运力规模，合理配置巡游出租汽车的车辆经营权。

第十三条 国家鼓励通过服务质量招投标方式配置巡游出租汽

车的车辆经营权。

县级以上地方人民政府出租汽车行政主管部门应当根据投标人提供的运营方案、服务质量状况或者服务质量承诺、车辆设备和安全保障措施等因素，择优配置巡游出租汽车的车辆经营权，向中标人发放车辆经营权证明，并与中标人签订经营协议。

第十四条　巡游出租汽车车辆经营权的经营协议应当包括以下内容：

（一）巡游出租汽车车辆经营权的数量、使用方式、期限等；

（二）巡游出租汽车经营服务标准；

（三）巡游出租汽车车辆经营权的变更、终止和延续等；

（四）履约担保；

（五）违约责任；

（六）争议解决方式；

（七）双方认为应当约定的其他事项。

在协议有效期限内，确需变更协议内容的，协议双方应当在共同协商的基础上签订补充协议。

第十五条　被许可人应当按照《巡游出租汽车经营行政许可决定书》和经营协议，投入符合规定数量、座位数、类型及等级、技术等级等要求的车辆。原许可机关核实符合要求后，为车辆核发《道路运输证》。

投入运营的巡游出租汽车车辆应当安装符合规定的计程计价设备、具有行驶记录功能的车辆卫星定位装置、应急报警装置，按照要求喷涂车身颜色和标识，设置有中英文"出租汽车"字样的顶灯和能显示空车、暂停运营、电召等运营状态的标志，按照规定在车辆醒目位置标明运价标准、乘客须知、经营者名称和服务监督电话。

第十六条　巡游出租汽车车辆经营权不得超过规定的期限，具体期限由县级以上地方人民政府出租汽车行政主管部门报本级人民政府根据投入车辆的车型和报废周期等因素确定。

第十七条 巡游出租汽车车辆经营权因故不能继续经营的，授予车辆经营权的出租汽车行政主管部门可优先收回。在车辆经营权有效期限内，需要变更车辆经营权经营主体的，应当到原许可机关办理变更许可手续。出租汽车行政主管部门在办理车辆经营权变更许可手续时，应当按照第八条的规定，审查新的车辆经营权经营主体的条件，提示车辆经营权期限等相关风险，并重新签订经营协议，经营期限为该车辆经营权的剩余期限。

第十八条 巡游出租汽车经营者在车辆经营权期限内，不得擅自暂停或者终止经营。需要变更许可事项或者暂停、终止经营的，应当提前30日向原许可机关提出申请，依法办理相关手续。巡游出租汽车经营者终止经营的，应当将相关的《道路运输经营许可证》和《道路运输证》等交回原许可机关。

巡游出租汽车经营者取得经营许可后无正当理由超过180天不投入符合要求的车辆运营或者运营后连续180天以上停运的，视为自动终止经营，由原许可机关收回相应的巡游出租汽车车辆经营权。

巡游出租汽车经营者合并、分立或者变更经营主体名称的，应当到原许可机关办理变更许可手续。

第十九条 巡游出租汽车车辆经营权到期后，巡游出租汽车经营者拟继续从事经营的，应当在车辆经营权有效期届满60日前，向原许可机关提出申请。原许可机关应当根据《出租汽车服务质量信誉考核办法》规定的出租汽车经营者服务质量信誉考核等级，审核巡游出租汽车经营者的服务质量信誉考核结果，并按照以下规定处理：

（一）考核等级在经营期限内均为AA级及以上的，应当批准其继续经营；

（二）考核等级在经营期限内有A级的，应当督促其加强内部管理，整改合格后准许其继续经营；

（三）考核等级在经营期限内有 B 级或者一半以上为 A 级的，可视情适当核减车辆经营权；

（四）考核等级在经营期限内有一半以上为 B 级的，应当收回车辆经营权，并按照第十三条的规定重新配置车辆经营权。

第三章　运营服务

第二十条　巡游出租汽车经营者应当为乘客提供安全、便捷、舒适的出租汽车服务。

鼓励巡游出租汽车经营者使用节能环保车辆和为残疾人提供服务的无障碍车辆。

第二十一条　巡游出租汽车经营者应当遵守下列规定：

（一）在许可的经营区域内从事经营活动，超出许可的经营区域的，起讫点一端应当在许可的经营区域内；

（二）保证营运车辆性能良好；

（三）按照国家相关标准运营服务；

（四）保障聘用人员合法权益，依法与其签订劳动合同或者经营合同；

（五）加强从业人员管理和培训教育；

（六）不得将巡游出租汽车交给未经从业资格注册的人员运营。

第二十二条　巡游出租汽车运营时，车容车貌、设施设备应当符合以下要求：

（一）车身外观整洁完好，车厢内整洁、卫生，无异味；

（二）车门功能正常，车窗玻璃密闭良好，无遮蔽物，升降功能有效；

（三）座椅牢固无塌陷，前排座椅可前后移动，靠背倾度可调，安全带和锁扣齐全、有效；

（四）座套、头枕套、脚垫齐全；

（五）计程计价设备、顶灯、运营标志、服务监督卡（牌）、车载信息化设备等完好有效。

第二十三条　巡游出租汽车驾驶员应当按照国家出租汽车服务标准提供服务，并遵守下列规定：

（一）做好运营前例行检查，保持车辆设施、设备完好，车容整洁，备齐发票、备足零钱；

（二）衣着整洁，语言文明，主动问候，提醒乘客系好安全带；

（三）根据乘客意愿升降车窗玻璃及使用空调、音响、视频等服务设备；

（四）乘客携带行李时，主动帮助乘客取放行李；

（五）主动协助老、幼、病、残、孕等乘客上下车；

（六）不得在车内吸烟，忌食有异味的食物；

（七）随车携带道路运输证、从业资格证，并按规定摆放、粘贴有关证件和标志；

（八）按照乘客指定的目的地选择合理路线行驶，不得拒载、议价、途中甩客、故意绕道行驶；

（九）在机场、火车站、汽车客运站、港口、公共交通枢纽等客流集散地载客时应当文明排队，服从调度，不得违反规定在非指定区域揽客；

（十）未经乘客同意不得搭载其他乘客；

（十一）按规定使用计程计价设备，执行收费标准并主动出具有效车费票据；

（十二）遵守道路交通安全法规，文明礼让行车。

第二十四条　巡游出租汽车驾驶员遇到下列特殊情形时，应当按照下列方式办理：

（一）乘客对服务不满意时，虚心听取批评意见；

（二）发现乘客遗失财物，设法及时归还失主。无法找到失主的，及时上交巡游出租汽车企业或者有关部门处理，不得私自留存；

（三）发现乘客遗留可疑危险物品的，立即报警。

第二十五条　巡游出租汽车乘客应当遵守下列规定：

（一）不得携带易燃、易爆、有毒等危害公共安全的物品乘车；

（二）不得携带宠物和影响车内卫生的物品乘车；

（三）不得向驾驶员提出违反道路交通安全法规的要求；

（四）不得向车外抛洒物品，不得破坏车内设施设备；

（五）醉酒者或者精神病患者乘车的，应当有陪同（监护）人员；

（六）遵守电召服务规定，按照约定的时间和地点乘车；

（七）按照规定支付车费。

第二十六条　乘客要求去偏远、冷僻地区或者夜间要求驶出城区的，驾驶员可以要求乘客随同到就近的有关部门办理验证登记手续；乘客不予配合的，驾驶员有权拒绝提供服务。

第二十七条　巡游出租汽车运营过程中有下列情形之一的，乘客有权拒绝支付费用：

（一）驾驶员不按照规定使用计程计价设备，或者计程计价设备发生故障时继续运营的；

（二）驾驶员不按照规定向乘客出具相应车费票据的；

（三）驾驶员因发生道路交通安全违法行为接受处理，不能将乘客及时送达目的地的；

（四）驾驶员拒绝按规定接受刷卡付费的。

第二十八条　巡游出租汽车电召服务应当符合下列要求：

（一）根据乘客通过电信、互联网等方式提出的服务需求，按照约定时间和地点提供巡游出租汽车运营服务；

（二）巡游出租汽车电召服务平台应当提供24小时不间断服务；

（三）电召服务人员接到乘客服务需求后，应当按照乘客需求

及时调派巡游出租汽车;

（四）巡游出租汽车驾驶员接受电召任务后，应当按照约定时间到达约定地点。乘客未按约定候车时，驾驶员应当与乘客或者电召服务人员联系确认；

（五）乘客上车后，驾驶员应当向电召服务人员发送乘客上车确认信息。

第二十九条　巡游出租汽车经营者应当自觉接受社会监督，公布服务监督电话，指定部门或者人员受理投诉。

巡游出租汽车经营者应当建立24小时服务投诉值班制度，接到乘客投诉后，应当及时受理，10日内处理完毕，并将处理结果告知乘客。

第四章　运营保障

第三十条　县级以上地方人民政府出租汽车行政主管部门应当在本级人民政府的领导下，会同有关部门合理规划、建设巡游出租汽车综合服务区、停车场、停靠点等，并设置明显标识。

巡游出租汽车综合服务区应当为进入服务区的巡游出租汽车驾驶员提供餐饮、休息等服务。

第三十一条　县级以上地方人民政府出租汽车行政主管部门应当配合有关部门，按照有关规定，并综合考虑巡游出租汽车行业定位、运营成本、经济发展水平等因素合理制定运价标准，并适时进行调整。

县级以上地方人民政府出租汽车行政主管部门应当配合有关部门合理确定巡游出租汽车电召服务收费标准，并纳入出租汽车专用收费项目。

第三十二条　巡游出租汽车经营者应当建立健全和落实安全生产管理制度，依法加强管理，履行管理责任，提升运营服务水平。

第三十三条　巡游出租汽车经营者应当按照有关法律法规的规定保障驾驶员的合法权益，规范与驾驶员签订的劳动合同或者经营合同。

巡游出租汽车经营者应当通过建立替班驾驶员队伍、减免驾驶员休息日经营承包费用等方式保障巡游出租汽车驾驶员休息权。

第三十四条　巡游出租汽车经营者应当合理确定承包、管理费用，不得向驾驶员转嫁投资和经营风险。

巡游出租汽车经营者应当根据经营成本、运价变化等因素及时调整承包费标准或者定额任务等。

第三十五条　巡游出租汽车经营者应当建立车辆技术管理制度，按照车辆维护标准定期维护车辆。

第三十六条　巡游出租汽车经营者应当按照《出租汽车驾驶员从业资格管理规定》，对驾驶员等从业人员进行培训教育和监督管理，按照规范提供服务。驾驶员有私自转包经营等违法行为的，应当予以纠正；情节严重的，可按照约定解除合同。

第三十七条　巡游出租汽车经营者应当制定包括报告程序、应急指挥、应急车辆以及处置措施等内容的突发公共事件应急预案。

第三十八条　巡游出租汽车经营者应当按照县级以上地方人民政府出租汽车行政主管部门要求，及时完成抢险救灾等指令性运输任务。

第三十九条　各地应当根据实际情况发展巡游出租汽车电召服务，采取多种方式建设巡游出租汽车电召服务平台，推广人工电话召车、手机软件召车等巡游出租汽车电召服务，建立完善电召服务管理制度。

巡游出租汽车经营者应当根据实际情况建设或者接入巡游出租汽车电召服务平台，提供巡游出租汽车电召服务。

第五章　监督管理

第四十条　县级以上地方人民政府出租汽车行政主管部门应当加强对巡游出租汽车经营行为的监督检查，会同有关部门纠正、制止非法从事巡游出租汽车经营及其他违法行为，维护出租汽车市场秩序。

第四十一条　县级以上地方人民政府出租汽车行政主管部门应当对巡游出租汽车经营者履行经营协议情况进行监督检查，并按照规定对巡游出租汽车经营者和驾驶员进行服务质量信誉考核。

第四十二条　巡游出租汽车不再用于经营的，县级以上地方人民政府出租汽车行政主管部门应当组织对巡游出租汽车配备的运营标志和专用设备进行回收处置。

第四十三条　县级以上地方人民政府出租汽车行政主管部门应当建立投诉举报制度，公开投诉电话、通信地址或者电子邮箱，接受乘客、驾驶员以及经营者的投诉和社会监督。

县级以上地方人民政府出租汽车行政主管部门受理的投诉，应当在10日内办结；情况复杂的，应当在30日内办结。

第四十四条　县级以上地方人民政府出租汽车行政主管部门应当对完成政府指令性运输任务成绩突出，经营管理、品牌建设、文明服务成绩显著，有拾金不昧、救死扶伤、见义勇为等先进事迹的出租汽车经营者和驾驶员，予以表彰和奖励。

第六章　法律责任

第四十五条　违反本规定，有下列行为之一的，由县级以上地方人民政府出租汽车行政主管部门责令改正，并处以5000元以上20000元以下罚款。构成犯罪的，依法追究刑事责任：

（一）未取得巡游出租汽车经营许可，擅自从事巡游出租汽车经营活动的；

（二）起讫点均不在许可的经营区域从事巡游出租汽车经营活动的；

（三）使用未取得道路运输证的车辆，擅自从事巡游出租汽车经营活动的；

（四）使用失效、伪造、变造、被注销等无效道路运输证的车辆从事巡游出租汽车经营活动的。

第四十六条 巡游出租汽车经营者违反本规定，有下列行为之一的，由县级以上地方人民政府出租汽车行政主管部门责令改正，并处以10000元以上20000元以下罚款。构成犯罪的，依法追究刑事责任：

（一）擅自暂停、终止全部或者部分巡游出租汽车经营的；

（二）出租或者擅自转让巡游出租汽车车辆经营权的；

（三）巡游出租汽车驾驶员转包经营未及时纠正的；

（四）不按照规定保证车辆技术状况良好的；

（五）不按照规定配置巡游出租汽车相关设备的；

（六）不按照规定建立并落实投诉举报制度的。

第四十七条 巡游出租汽车驾驶员违反本规定，有下列情形之一的，由县级以上地方人民政府出租汽车行政主管部门责令改正，并处以200元以上2000元以下罚款：

（一）拒载、议价、途中甩客或者故意绕道行驶的；

（二）未经乘客同意搭载其他乘客的；

（三）不按照规定使用计程计价设备、违规收费的；

（四）不按照规定出具相应车费票据的；

（五）不按照规定携带道路运输证、从业资格证的；

（六）不按照规定使用巡游出租汽车相关设备的；

（七）接受巡游出租汽车电召任务后未履行约定的；

（八）不按照规定使用文明用语，车容车貌不符合要求的。

第四十八条 巡游出租汽车驾驶员违反本规定，有下列情形之一的，由县级以上地方人民政府出租汽车行政主管部门责令改正，并处以500元以上2000元以下罚款：

（一）在机场、火车站、汽车客运站、港口、公共交通枢纽等客流集散地不服从调度私自揽客的；

（二）转让、倒卖、伪造巡游出租汽车相关票据的。

第四十九条 出租汽车行政主管部门的工作人员违反本规定，有下列情形之一的，依照有关规定给予行政处分；构成犯罪的，依法追究刑事责任：

（一）未按规定的条件、程序和期限实施行政许可的；

（二）参与或者变相参与巡游出租汽车经营的；

（三）发现违法行为不及时查处的；

（四）索取、收受他人财物，或者谋取其他利益的；

（五）其他违法行为。

第五十条 地方性法规、政府规章对巡游出租汽车经营违法行为需要承担的法律责任与本规定有不同规定的，从其规定。

第七章 附 则

第五十一条 网络预约出租汽车以外的其他预约出租汽车经营服务参照本规定执行。

第五十二条 本规定中下列用语的含义：

（一）"巡游出租汽车经营服务"，是指可在道路上巡游揽客、站点候客，喷涂、安装出租汽车标识，以七座及以下乘用车和驾驶劳务为乘客提供出行服务，并按照乘客意愿行驶，根据行驶里程和时间计费的经营活动；

（二）"预约出租汽车经营服务"，是指以符合条件的七座及以

下乘用车通过预约方式承揽乘客,并按照乘客意愿行驶、提供驾驶劳务,根据行驶里程、时间或者约定计费的经营活动;

(三)"网络预约出租汽车经营服务",是指以互联网技术为依托构建服务平台,整合供需信息,使用符合条件的车辆和驾驶员,提供非巡游的预约出租汽车服务的经营活动;

(四)"巡游出租汽车电召服务",是指根据乘客通过电信、互联网等方式提出的服务需求,按照约定时间和地点提供巡游出租汽车运营服务;

(五)"拒载",是指在道路上空车待租状态下,巡游出租汽车驾驶员在得知乘客去向后,拒绝提供服务的行为;或者巡游出租汽车驾驶员未按承诺提供电召服务的行为;

(六)"绕道行驶",是指巡游出租汽车驾驶员未按合理路线行驶的行为;

(七)"议价",是指巡游出租汽车驾驶员与乘客协商确定车费的行为;

(八)"甩客",是指在运营途中,巡游出租汽车驾驶员无正当理由擅自中断载客服务的行为。

第五十三条 本规定自 2015 年 1 月 1 日起施行。

附 录

《出租汽车驾驶员从业资格管理规定》和《巡游出租汽车经营服务管理规定》解读

(2016年09月12日交通运输部运输服务司解读)

一、《巡游出租汽车经营服务管理规定》做了哪些修订？

根据《国务院办公厅关于深化改革推进出租汽车行业健康发展的指导意见》(国办发〔2016〕58号)和《网络预约出租汽车经营服务管理暂行办法》(交通运输部、工业和信息化部、公安部、商务部、工商行政管理总局、国家质量监督检验检疫总局、国家互联网信息办公室令2016年第60号)发布后的规章体系架构，修改后的《巡游出租汽车经营服务管理规定》调整了适用范围，并对出租汽车行业定位、经营者与驾驶员利益分配等方面做出了一系列规定。明确出租汽车是城市综合交通运输体系的组成部分，是城市公共交通的补充，为社会公众提供个性化运输服务。巡游出租汽车发展应当与城市经济社会发展相适应，与公共交通等客运服务方式协调发展。通过明确发展定位，着力构建多样化、差异性城市综合运输服务体系，更好满足人民群众出行需求。针对出租汽车"份钱"问题，要求巡游出租汽车经营者根据经营成本、运价变化等因素及时调整承包费标准或者定额任务等，更好地构建企业和驾驶员运营风险共担、利益合理分配的经营模式，加快推进传统行业转型升级。

二、《出租汽车驾驶员从业资格管理规定》做了哪些修订？

修订后的《出租汽车驾驶员从业资格管理规定》对适用范围进行了明确，出租汽车驾驶员从业资格包括巡游出租汽车驾驶员从业资格和网络预约出租汽车驾驶员从业资格等，并结合网约车新业态的特点，对驾驶员条件、考试内容、证件类别、注册管理、继续教育以及法律责任等方面作了相应适应性调整。

三、为什么要对网约车驾驶员进行管理，修订在哪些方面考虑了网约车的特点？

无论网约车还是巡游车，提供的是面向公众的普遍客运服务，依法对驾驶员实行准入管理，这是行业管理部门为保证运输安全和服务质量的底线要求。《出租汽车驾驶员从业资格管理规定》修订中充分考虑网约车特点，通过"量身定制"式的制度设计与管理创新，积极支持新业态规范发展。如：与巡游车驾驶员相比，最大限度简化了网约车驾驶员考试内容，并规定其注册及注销，可通过平台公司向发证机关所在地出租汽车行政主管部门报备来完成等。

四、巡游车和网约车驾驶员的申请条件是否一样？

根据修订后的《出租汽车驾驶员从业资格管理规定》，申请参加出租汽车驾驶员从业资格考试的，应当满足以下条件：取得相应准驾车型机动车驾驶证并具有3年以上驾驶经历；无交通肇事犯罪、危险驾驶犯罪记录，无吸毒记录，无饮酒后驾驶记录，最近连续3个记分周期内没有记满12分记录；无暴力犯罪记录；城市人民政府规定的其他条件。作为出租汽车驾驶员，无论是从事巡游还是网络预约服务，在申请条件上并无区别，为促进新老业态公平竞争创造积极条件。

五、从业资格考试条件中的无暴力犯罪记录等相关证明材料如何提供？会不会给当事人带来不便？

修订后的《出租汽车驾驶员从业资格管理规定》明确，申请参加出租汽车驾驶员从业资格考试的，应当提供符合相关规定的证明或者承诺材料：（一）机动车驾驶证及复印件；（二）无交通肇事犯罪、危险驾驶犯罪记录，无吸毒记录，无饮酒后驾驶记录，最近连续3个记分周期内没有记满12分记录的材料；（三）无暴力犯罪记录的材料；（四）身份证明及复印件；（五）城市人民政府规定的其他证明材料。目前，我部正在与公安部门积极协调，通过信息化手段，对当事人提供承诺材料予以核实，最大程度为申请当事人提供便利。

六、巡游车和网约车驾驶员的从业资格考试内容有何区别？

修订后的《出租汽车驾驶员从业资格管理规定》明确：出租汽车驾驶员从业资格考试包括全国公共科目和区域科目考试。全国公共科目考试是对国家出租汽车法律法规、职业道德、服务规范、安全运营等具有普遍规范要求的知识测试。巡游出租汽车驾驶员从业资格区域科目考试是对地方出租汽车政策法规、经营区域人文地理和交通路线等具有区域服务特征的知识测试。网络预约出租汽车驾驶员从业资格区域科目考试是对地方出租汽车政策法规等具有区域规范要求的知识测试。设区的市级以上地方人民政府出租汽车行政主管部门可以根据区域服务特征自行确定其他考试内容。

七、巡游车和网约车驾驶员的从业资格注册管理有何不同？

修订后的《出租汽车驾驶员从业资格管理规定》对巡游车驾驶员原有的注册规定有关要求基本予以保留，同时考虑到网约车新业态的特点，规定网约车驾驶员的注册及注销，可以通过网约车平台公司向发证机关所在地出租汽车行政主管部门报备来完成。

八、在驾驶员继续教育方面做了哪些优化调整？

修订后的《出租汽车驾驶员从业资格管理规定》关于驾驶员继续教育，只是提出继续教育的结果性要求，对继续教育的方式和过程则不再作具体规定，并明确驾驶员继续教育由出租汽车经营者组织实施，进一步落实经营者主体责任，注重继续教育实效。同时要求取得从业资格证超过3年未申请注册的，注册后上岗前应当完成不少于27学时的继续教育，以更好地保证服务技能与业务素质。

网络预约出租汽车经营服务管理暂行办法

中华人民共和国交通运输部 工业和
信息化部 公安部 商务部 工商总局
质检总局 国家网信办令
2016年第60号

《网络预约出租汽车经营服务管理暂行办法》已于2016年7月14日经交通运输部第15次部务会议通过,并经工业和信息化部、公安部、商务部、工商总局、质检总局、国家网信办同意,现予公布,自2016年11月1日起施行。

交通运输部部长
工业和信息化部部长
公安部部长
商务部部长
工商总局局长
质检总局局长
国家网信办主任
2016年7月27日

第一章 总 则

第一条 为更好地满足社会公众多样化出行需求,促进出租汽车行业和互联网融合发展,规范网络预约出租汽车经营服务行为,保障运营安全和乘客合法权益,根据国家有关法律、行政法规,制定本办法。

第二条　从事网络预约出租汽车（以下简称网约车）经营服务，应当遵守本办法。

本办法所称网约车经营服务，是指以互联网技术为依托构建服务平台，整合供需信息，使用符合条件的车辆和驾驶员，提供非巡游的预约出租汽车服务的经营活动。

本办法所称网络预约出租汽车经营者（以下称网约车平台公司），是指构建网络服务平台，从事网约车经营服务的企业法人。

第三条　坚持优先发展城市公共交通、适度发展出租汽车，按照高品质服务、差异化经营的原则，有序发展网约车。

网约车运价实行市场调节价，城市人民政府认为有必要实行政府指导价的除外。

第四条　国务院交通运输主管部门负责指导全国网约车管理工作。

各省、自治区人民政府交通运输主管部门在本级人民政府领导下，负责指导本行政区域内网约车管理工作。

直辖市、设区的市级或者县级交通运输主管部门或人民政府指定的其他出租汽车行政主管部门（以下称出租汽车行政主管部门）在本级人民政府领导下，负责具体实施网约车管理。

其他有关部门依据法定职责，对网约车实施相关监督管理。

第二章　网约车平台公司

第五条　申请从事网约车经营的，应当具备线上线下服务能力，符合下列条件：

（一）具有企业法人资格；

（二）具备开展网约车经营的互联网平台和与拟开展业务相适应的信息数据交互及处理能力，具备供交通、通信、公安、税务、网信等相关监管部门依法调取查询相关网络数据信息的条件，网络服务平台数据库接入出租汽车行政主管部门监管平台，服务器设置在中国内地，有符合规定的网络安全管理制度和安全保护技术措施；

（三）使用电子支付的，应当与银行、非银行支付机构签订提供支付结算服务的协议；

（四）有健全的经营管理制度、安全生产管理制度和服务质量保障制度；

（五）在服务所在地有相应服务机构及服务能力；

（六）法律法规规定的其他条件。

外商投资网约车经营的，除符合上述条件外，还应当符合外商投资相关法律法规的规定。

第六条　申请从事网约车经营的，应当根据经营区域向相应的出租汽车行政主管部门提出申请，并提交以下材料：

（一）网络预约出租汽车经营申请表；

（二）投资人、负责人身份、资信证明及其复印件，经办人的身份证明及其复印件和委托书；

（三）企业法人营业执照，属于分支机构的还应当提交营业执照，外商投资企业还应当提供外商投资企业批准证书；

（四）服务所在地办公场所、负责人员和管理人员等信息；

（五）具备互联网平台和信息数据交互及处理能力的证明材料，具备供交通、通信、公安、税务、网信等相关监管部门依法调取查询相关网络数据信息条件的证明材料，数据库接入情况说明，服务器设置在中国内地的情况说明，依法建立并落实网络安全管理制度和安全保护技术措施的证明材料；

（六）使用电子支付的，应当提供与银行、非银行支付机构签订的支付结算服务协议；

（七）经营管理制度、安全生产管理制度和服务质量保障制度文本；

（八）法律法规要求提供的其他材料。

首次从事网约车经营的,应当向企业注册地相应出租汽车行政主管部门提出申请,前款第(五)、第(六)项有关线上服务能力材料由网约车平台公司注册地省级交通运输主管部门商同级通信、公安、税务、网信、人民银行等部门审核认定,并提供相应认定结果,认定结果全国有效。网约车平台公司在注册地以外申请从事网约车经营的,应当提交前款第(五)、第(六)项有关线上服务能力认定结果。

其他线下服务能力材料,由受理申请的出租汽车行政主管部门进行审核。

第七条　出租汽车行政主管部门应当自受理之日起 20 日内作出许可或者不予许可的决定。20 日内不能作出决定的,经实施机关负责人批准,可以延长 10 日,并应当将延长期限的理由告知申请人。

第八条　出租汽车行政主管部门对于网约车经营申请作出行政许可决定的,应当明确经营范围、经营区域、经营期限等,并发放《网络预约出租汽车经营许可证》。

第九条　出租汽车行政主管部门对不符合规定条件的申请作出不予行政许可决定的,应当向申请人出具《不予行政许可决定书》。

第十条　网约车平台公司应当在取得相应《网络预约出租汽车经营许可证》并向企业注册地省级通信主管部门申请互联网信息服务备案后,方可开展相关业务。备案内容包括经营者真实身份信息、接入信息、出租汽车行政主管部门核发的《网络预约出租汽车经营许可证》等。涉及经营电信业务的,还应当符合电信管理的相关规定。

网约车平台公司应当自网络正式联通之日起 30 日内,到网约车平台公司管理运营机构所在地的省级人民政府公安机关指定的受理机关办理备案手续。

第十一条　网约车平台公司暂停或者终止运营的,应当提前 30

日向服务所在地出租汽车行政主管部门书面报告，说明有关情况，通告提供服务的车辆所有人和驾驶员，并向社会公告。终止经营的，应当将相应《网络预约出租汽车经营许可证》交回原许可机关。

第三章　网约车车辆和驾驶员

第十二条　拟从事网约车经营的车辆，应当符合以下条件：

（一）7座及以下乘用车；

（二）安装具有行驶记录功能的车辆卫星定位装置、应急报警装置；

（三）车辆技术性能符合运营安全相关标准要求。

车辆的具体标准和营运要求，由相应的出租汽车行政主管部门，按照高品质服务、差异化经营的发展原则，结合本地实际情况确定。

第十三条　服务所在地出租汽车行政主管部门依车辆所有人或者网约车平台公司申请，按第十二条规定的条件审核后，对符合条件并登记为预约出租客运的车辆，发放《网络预约出租汽车运输证》。

城市人民政府对网约车发放《网络预约出租汽车运输证》另有规定的，从其规定。

第十四条　从事网约车服务的驾驶员，应当符合以下条件：

（一）取得相应准驾车型机动车驾驶证并具有3年以上驾驶经历；

（二）无交通肇事犯罪、危险驾驶犯罪记录，无吸毒记录，无饮酒后驾驶记录，最近连续3个记分周期内没有记满12分记录；

（三）无暴力犯罪记录；

（四）城市人民政府规定的其他条件。

第十五条　服务所在地设区的市级出租汽车行政主管部门依驾

驶员或者网约车平台公司申请，按第十四条规定的条件核查并按规定考核后，为符合条件且考核合格的驾驶员，发放《网络预约出租汽车驾驶员证》。

第四章 网约车经营行为

第十六条 网约车平台公司承担承运人责任，应当保证运营安全，保障乘客合法权益。

第十七条 网约车平台公司应当保证提供服务车辆具备合法营运资质，技术状况良好，安全性能可靠，具有营运车辆相关保险，保证线上提供服务的车辆与线下实际提供服务的车辆一致，并将车辆相关信息向服务所在地出租汽车行政主管部门报备。

第十八条 网约车平台公司应当保证提供服务的驾驶员具有合法从业资格，按照有关法律法规规定，根据工作时长、服务频次等特点，与驾驶员签订多种形式的劳动合同或者协议，明确双方的权利和义务。网约车平台公司应当维护和保障驾驶员合法权益，开展有关法律法规、职业道德、服务规范、安全运营等方面的岗前培训和日常教育，保证线上提供服务的驾驶员与线下实际提供服务的驾驶员一致，并将驾驶员相关信息向服务所在地出租汽车行政主管部门报备。

网约车平台公司应当记录驾驶员、约车人在其服务平台发布的信息内容、用户注册信息、身份认证信息、订单日志、上网日志、网上交易日志、行驶轨迹日志等数据并备份。

第十九条 网约车平台公司应当公布确定符合国家有关规定的计程计价方式，明确服务项目和质量承诺，建立服务评价体系和乘客投诉处理制度，如实采集与记录驾驶员服务信息。在提供网约车服务时，提供驾驶员姓名、照片、手机号码和服务评价结果，以及车辆牌照等信息。

第二十条 网约车平台公司应当合理确定网约车运价，实行明码标价，并向乘客提供相应的出租汽车发票。

第二十一条 网约车平台公司不得妨碍市场公平竞争，不得侵害乘客合法权益和社会公共利益。

网约车平台公司不得有为排挤竞争对手或者独占市场，以低于成本的价格运营扰乱正常市场秩序，损害国家利益或者其他经营者合法权益等不正当价格行为，不得有价格违法行为。

第二十二条 网约车应当在许可的经营区域内从事经营活动，超出许可的经营区域的，起讫点一端应当在许可的经营区域内。

第二十三条 网约车平台公司应当依法纳税，为乘客购买承运人责任险等相关保险，充分保障乘客权益。

第二十四条 网约车平台公司应当加强安全管理，落实运营、网络等安全防范措施，严格数据安全保护和管理，提高安全防范和抗风险能力，支持配合有关部门开展相关工作。

第二十五条 网约车平台公司和驾驶员提供经营服务应当符合国家有关运营服务标准，不得途中甩客或者故意绕道行驶，不得违规收费，不得对举报、投诉其服务质量或者对其服务作出不满意评价的乘客实施报复行为。

第二十六条 网约车平台公司应当通过其服务平台以显著方式将驾驶员、约车人和乘客等个人信息的采集和使用的目的、方式和范围进行告知。未经信息主体明示同意，网约车平台公司不得使用前述个人信息用于开展其他业务。

网约车平台公司采集驾驶员、约车人和乘客的个人信息，不得超越提供网约车业务所必需的范围。

除配合国家机关依法行使监督检查权或者刑事侦查权外，网约车平台公司不得向任何第三方提供驾驶员、约车人和乘客的姓名、联系方式、家庭住址、银行账户或者支付账户、地理位置、出行线路等个人信息，不得泄露地理坐标、地理标志物等涉及国家安全的敏感信息。发生信息泄露后，网约车平台公司应当及时向相关主管部门报告，并采取及时有效的补救措施。

第二十七条　网约车平台公司应当遵守国家网络和信息安全有关规定，所采集的个人信息和生成的业务数据，应当在中国内地存储和使用，保存期限不少于2年，除法律法规另有规定外，上述信息和数据不得外流。

网约车平台公司不得利用其服务平台发布法律法规禁止传播的信息，不得为企业、个人及其他团体、组织发布有害信息提供便利，并采取有效措施过滤阻断有害信息传播。发现他人利用其网络服务平台传播有害信息的，应当立即停止传输，保存有关记录，并向国家有关机关报告。

网约车平台公司应当依照法律规定，为公安机关依法开展国家安全工作，防范、调查违法犯罪活动提供必要的技术支持与协助。

第二十八条　任何企业和个人不得向未取得合法资质的车辆、驾驶员提供信息对接开展网约车经营服务。不得以私人小客车合乘名义提供网约车经营服务。

网约车车辆和驾驶员不得通过未取得经营许可的网络服务平台提供运营服务。

第五章　监督检查

第二十九条　出租汽车行政主管部门应当建设和完善政府监管平台，实现与网约车平台信息共享。共享信息应当包括车辆和驾驶员基本信息、服务质量以及乘客评价信息等。

出租汽车行政主管部门应当加强对网约车市场监管，加强对网约车平台公司、车辆和驾驶员的资质审查与证件核发管理。

出租汽车行政主管部门应当定期组织开展网约车服务质量测评，并及时向社会公布本地区网约车平台公司基本信息、服务质量测评结果、乘客投诉处理情况等信息。

出租汽车行政主管、公安等部门有权根据管理需要依法调取查阅管辖范围内网约车平台公司的登记、运营和交易等相关数据信息。

第三十条　通信主管部门和公安、网信部门应当按照各自职责，对网约车平台公司非法收集、存储、处理和利用有关个人信息、违反互联网信息服务有关规定、危害网络和信息安全、应用网约车服务平台发布有害信息或者为企业、个人及其他团体组织发布有害信息提供便利的行为，依法进行查处，并配合出租汽车行政主管部门对认定存在违法违规行为的网约车平台公司进行依法处置。

公安机关、网信部门应当按照各自职责监督检查网络安全管理制度和安全保护技术措施的落实情况，防范、查处有关违法犯罪活动。

第三十一条　发展改革、价格、通信、公安、人力资源社会保障、商务、人民银行、税务、工商、质检、网信等部门按照各自职责，对网约车经营行为实施相关监督检查，并对违法行为依法处理。

第三十二条　各有关部门应当按照职责建立网约车平台公司和驾驶员信用记录，并纳入全国信用信息共享平台。同时将网约车平台公司行政许可和行政处罚等信用信息在全国企业信用信息公示系统上予以公示。

第三十三条　出租汽车行业协会组织应当建立网约车平台公司和驾驶员不良记录名单制度，加强行业自律。

第六章　法律责任

第三十四条　违反本规定，有下列行为之一的，由县级以上出租汽车行政主管部门责令改正，予以警告，并处以10000元以上30000元以下罚款；构成犯罪的，依法追究刑事责任：

（一）未取得经营许可，擅自从事或者变相从事网约车经营活动的；

（二）伪造、变造或者使用伪造、变造、失效的《网络预约出租汽车运输证》《网络预约出租汽车驾驶员证》从事网约车经营活动的。

第三十五条　网约车平台公司违反本规定，有下列行为之一的，由县级以上出租汽车行政主管部门和价格主管部门按照职责责令改正，对每次违法行为处以5000元以上10000元以下罚款；情节严重的，处以10000元以上30000元以下罚款：

（一）提供服务车辆未取得《网络预约出租汽车运输证》，或者线上提供服务车辆与线下实际提供服务车辆不一致的；

（二）提供服务驾驶员未取得《网络预约出租汽车驾驶员证》，或者线上提供服务驾驶员与线下实际提供服务驾驶员不一致的；

（三）未按照规定保证车辆技术状况良好的；

（四）起讫点均不在许可的经营区域从事网约车经营活动的；

（五）未按照规定将提供服务的车辆、驾驶员相关信息向服务所在地出租汽车行政主管部门报备的；

（六）未按照规定制定服务质量标准、建立并落实投诉举报制度的；

（七）未按照规定提供共享信息，或者不配合出租汽车行政主管部门调取查阅相关数据信息的；

（八）未履行管理责任，出现甩客、故意绕道、违规收费等严重违反国家相关运营服务标准行为的。

网约车平台公司不再具备线上线下服务能力或者有严重违法行为的，由县级以上出租汽车行政主管部门依据相关法律法规的有关规定责令停业整顿、吊销相关许可证件。

第三十六条　网约车驾驶员违反本规定，有下列情形之一的，由县级以上出租汽车行政主管部门和价格主管部门按照职责责令改正，对每次违法行为处以50元以上200元以下罚款：

（一）未按照规定携带《网络预约出租汽车运输证》、《网络预约出租汽车驾驶员证》的；

（二）途中甩客或者故意绕道行驶的；

（三）违规收费的；

（四）对举报、投诉其服务质量或者对其服务作出不满意评价的乘客实施报复行为的。

网约车驾驶员不再具备从业条件或者有严重违法行为的，由县级以上出租汽车行政主管部门依据相关法律法规的有关规定撤销或者吊销从业资格证件。

对网约车驾驶员的行政处罚信息计入驾驶员和网约车平台公司信用记录。

第三十七条 网约车平台公司违反本规定第十、十八、二十六、二十七条有关规定的，由网信部门、公安机关和通信主管部门按各自职责依照相关法律法规规定给予处罚；给信息主体造成损失的，依法承担民事责任；涉嫌犯罪的，依法追究刑事责任。

网约车平台公司及网约车驾驶员违法使用或者泄露约车人、乘客个人信息的，由公安、网信等部门依照各自职责处以2000元以上10000元以下罚款；给信息主体造成损失的，依法承担民事责任；涉嫌犯罪的，依法追究刑事责任。

网约车平台公司拒不履行或者拒不按要求为公安机关依法开展国家安全工作、防范、调查违法犯罪活动提供技术支持与协助的，由公安机关依法予以处罚；构成犯罪的，依法追究刑事责任。

第七章 附 则

第三十八条 私人小客车合乘，也称为拼车、顺风车，按城市人民政府有关规定执行。

第三十九条 网约车行驶里程达到60万千米时强制报废。行驶里程未达到60万千米但使用年限达到8年时，退出网约车经营。

小、微型非营运载客汽车登记为预约出租客运的，按照网约车报废标准报废。其他小、微型营运载客汽车登记为预约出租客运的，按照该类型营运载客汽车报废标准和网约车报废标准中先行达到的标准报废。

省、自治区、直辖市人民政府有关部门要结合本地实际情况，制定网约车报废标准的具体规定，并报国务院商务、公安、交通运输等部门备案。

第四十条 本办法自2016年11月1日起实施。各地可根据本办法结合本地实际制定具体实施细则。

关于网络预约出租汽车经营者申请
线上服务能力认定工作流程的通知

交办运〔2016〕143号

各省、自治区、直辖市、新疆生产建设兵团交通运输厅（局、委）、通信管理局、公安厅（局）、国家税务局、地方税务局、网信办、中国人民银行上海总部，各分行、营业管理部、省会（首府）城市中心支行、副省级城市中心支行：

按照《网络预约出租汽车经营服务管理暂行办法》（交通运输部 工业和信息化部 公安部 商务部 工商总局 质检总局 国家网信办令2016年第60号）的规定，为优化服务、规范操作，方便网络预约出租汽车（以下简称网约车）经营者，现将网约车经营线上服务能力认定工作流程通知如下。

一、申请从事网约车经营的，应向企业注册地相应出租汽车行政主管部门提交线上服务能力材料，具体包括如下内容。

（一）具备互联网平台和信息数据交互处理能力的证明材料。

1. 技术研发和维护部门架构及人员证明材料，包括身份证明、技术能力证明及工作合同等材料；拟从事网约车业务的服务器及网络设备的采购或者租赁协议，服务器托管协议或互联网接入协议；平台软硬件及最大处理能力、数据库最大存储能力等情况说明。

2. 面向乘客和驾驶员移动互联网应用程序（APP）的信息内容和服务功能。

（二）具备供相关监管部门依法调取查询相关网络数据信息条件的证明材料。

3. 配合依法查询、调取相关数据信息的功能设计、工作制度和责任机构、责任人以及联系方式等。

（三）数据库接入情况。

4. 提供由国务院交通运输主管部门出具的数据库具备接入交通运输部网约车监管信息交互平台条件的情况说明。只为本地提供服务的平台公司，可提供由服务所在地出租汽车行政主管部门出具的具备数据库接入当地监管平台条件的情况说明。

（四）服务器设置在中国内地的情况说明。

5. 网络应用、数据等所有服务器机房地址、接入地址、IP 地址、用途分工等情况说明。

（五）网络安全管理制度和安全保护技术措施文本。

6. 网络与信息系统安全等级保护定级报告、专家评审意见、备案证明及测评报告。

7. 网络安全防护水平、网络数据安全和个人信息保护措施满足通信行业网络安全管理相关要求的证明材料。

8. 具有完备的用户真实身份认证管理制度、措施，个人隐私数据保护措施和数据跨境流动情况说明。

9. 网络服务平台后台的用户信息、日志记录、留存技术措施，有害信息屏蔽、过滤等安全防范技术措施的说明材料。

10. 为依法防范、调查恐怖活动提供技术接口的说明材料。

11. 网络与信息安全保障制度文本、互联网新技术新业务安全评估制度文本、应急处置预案文本，企业保证服务质量、信息和数据安全的承诺书。

12. 网上内容处置能力证明材料，网约车平台是否具备信息发布、评论跟帖、动员能力的群组等功能的情况说明。企业保证不应用网约车平台发布有害信息，不为企业、个人及其他团体组织发布有害信息提供便利的承诺书。

（六）提供支付结算服务的银行或者非银行支付机构签订的协议范本。

13. 企业与银行或非银行支付机构合作业务模式的详细描述，

包括企业与银行或非银行支付机构签订的协议文本、企业是否设立资金池、是否为用户开立支付账户等情况的说明。

二、企业注册地相应出租汽车行政主管部门受理从事网约车经营申请后，应在2日内将线上服务能力材料以及《网络预约出租汽车经营服务管理暂行办法》附件中规定的网络预约出租汽车经营申请表、企业法人营业执照和经营管理制度、安全生产管理制度文本报省级交通运输主管部门。

省级交通运输主管部门接到证明材料后，负责审核第2、3、4项证明材料，并在2日内，将网络预约出租汽车经营申请表、企业法人营业执照和经营管理制度、安全生产管理制度文本转送同级通信、公安、税务、人民银行、网信等部门，同时将第1、2、3、5、7、9、11项证明材料转送同级通信主管部门审核，将第3、5、6、8、9、10、11、12项证明材料转送同级公安机关审核，将第3项证明材料转送同级税务机关审核，将第13项材料转送同级人民银行分支机构审核，将第12项证明材料转送同级网信部门审核。

各地可探索通过网上办理、联合办公等多种形式提高审核效率。

三、各省级通信、公安、税务、人民银行、网信等部门应当在10日内向省级交通运输主管部门反馈正式书面审核意见。省级交通运输主管部门对各相关部门均反馈通过审核意见的，出具具备线上服务能力认定结果（格式见附件1），对有反馈未通过审核意见的，出具不具备线上服务能力意见告知书（格式见附件2）。省级交通运输主管部门自企业注册地出租汽车行政主管部门受理申请之日起18日内，将认定结果或意见告知书提供给受理的出租汽车行政主管部门，同时上报国务院交通运输主管部门，国务院交通运输主管部门转送国务院通信、公安、税务、人民银行、网信主管部门。

因申请人补充材料造成的时间延误不计算在相应部门审核材料的时间要求内。

因企业注册地和服务器所在地不属同一省份等情况，各部门内部对线上服务能力审核工作需跨省份协同配合的，按各部门要求办理。

四、对于企业注册地和服务器所在地不属同一省份的或者证明材料情况较为复杂的，认定时间可以延长10日，受理申请的出租汽车行政主管部门应当及时通知申请人并告知理由。

五、建设全国网约车监管信息交互平台，统一接入网约车经营者的数据（具体数据内容和格式见附件3），方便网约车经营者与各城市监管平台的信息交换，并实现相关部门间和各部门内部信息共享，提高服务效率，优化营商环境。

交通运输部办公厅
工业和信息化部办公厅
公安部办公厅
中国人民银行办公厅
税务总局办公厅
国家网信办秘书局
2016年11月3日

附件1：申请从事网约车经营具备线上服务能力的认定结果
（http://zizhan.mot.gov.cn/zfxxgk/bnssj/dlyss/201611/P020161104634654939176.doc）

附件2：申请从事网约车经营不具备线上服务能力的意见告知书
（http://zizhan.mot.gov.cn/zfxxgk/bnssj/dlyss/201611/P020161104634655333674.doc）

附件3：网约车监管信息交互平台数据内容
（http://zizhan.mot.gov.cn/zfxxgk/bnssj/dlyss/201611/P020161104643003442003.doc）

餐饮业经营管理办法（试行）

餐饮业经营管理办法（试行）

中华人民共和国商务部
国家发展和改革委员会令
2014 年第 4 号

《餐饮业经营管理办法（试行）》已经商务部部务会议审议通过，并经发展改革委同意，现予发布，自 2014 年 11 月 1 日起施行。

商务部部长
国家发展和改革委员会主任
2014 年 9 月 22 日

第一条 为了规范餐饮服务经营活动，引导和促进餐饮行业健康有序发展，维护消费者和经营者的合法权益，依据国家有关法律、法规，制定本办法。

第二条 在中华人民共和国境内从事餐饮经营活动，适用本办法。

本办法所称餐饮经营活动，是指通过即时加工制作成品或半成品、商业销售和服务性劳动等，向消费者提供食品和消费场所及设施的经营行为。

第三条　商务部负责全国餐饮行业管理工作，制定行业规划、政策和标准，开展行业统计，规范行业秩序。地方各级人民政府商务主管部门负责本行政区域内餐饮业行业管理工作。

第四条　国家鼓励餐饮经营者发展特色餐饮、快餐、早餐、团膳、送餐等大众化餐饮，提供标准化菜品，方便消费者自主调味，发展可选套餐，提供小份菜。

第五条　餐饮行业协会应当按照有关法律、法规和规章的规定，发挥行业自律、引导、服务作用，促进餐饮业行业标准的推广实施，指导企业做好节能减排、资源节约和综合利用工作。

餐饮行业协会应通过制定行业公约等方式引导餐饮经营者节约资源、反对浪费。

第六条　餐饮经营者应当严格按照法律、法规和规章的有关规定从事经营活动，建立健全各项制度，积极贯彻国家和行业有关经营管理、产品、服务等方面的标准。

第七条　餐饮经营者应当做好节能减排、资源节约和综合利用工作。

餐饮经营者应当建立节俭消费提醒提示制度，并在醒目位置张贴节约标识，贯彻节约用餐、文明用餐标准。

第八条　餐饮经营者应引导消费者餐前适量点餐，餐后主动帮助打包，对节约用餐的消费者给予表扬和奖励。

第九条　餐饮经营者不得销售不符合国家产品质量及食品安全强制标准的食品。

第十条　餐饮经营者不得随意处置餐厨废弃物，应按规定由具备条件的企业进行资源化利用。

第十一条　餐饮经营者所售食品或提供的服务项目标价，按照国务院价格主管部门制定的有关规定执行。

第十二条　禁止餐饮经营者设置最低消费。

第十三条　提供外送服务的餐饮经营者，应当建立健全相应的服务流程，并明示提供外送服务的时间、外送范围以及收费标准；根据消费者的订单和食品安全的要求，选择适当的交通工具、设备，按时、按质、按量送达消费者，并提供相应的单据。

第十四条　餐饮经营者开展促销活动的，应当明示促销内容，包括促销原因、促销方式、促销规则、促销期限、促销商品的范围，以及相关限制性条件。

餐饮经营者应当在促销活动开始前做好原材料储备及服务准备工作，依照承诺履行相关义务。

促销活动期间，餐饮经营者不得故意拖延提供相关商品或服务，不得以任何形式降低商品质量或服务水平。

第十五条　餐饮经营者应当建立健全顾客投诉制度，明确具体部门或人员受理、处理消费者投诉。投诉的受理、转交以及处理结果应当通知投诉者。

第十六条　餐饮经营者应当建立健全突发事件应急预案、应对机制，明确职责分工，落实责任。发生突发事件时，应当立即启动应急处理工作程序并及时向政府有关部门报告事件情况及处理结果。

第十七条　县级以上地方商务主管部门应当建立或委托相关机构建立经营者及其负责人、高层管理人员信用记录，将其纳入国家统一的信用信息平台，并依法向社会公开严重违法失信行为。餐饮经营者及其负责人、高层管理人员应当按照商务主管部门要求提供与餐饮经营相关的信用信息。

商务主管部门应当将餐饮经营者违反本办法的行为及行政处罚情况进行汇总，建立不良记录档案，并可向社会公布。

第十八条　县级以上地方商务主管部门应当定期对餐饮行业开

展反食品浪费相关行为进行监督检查,并给予相应奖励或处罚。

第十九条　县级以上地方商务主管部门应当定期开展本行政区域内的餐饮业行业统计工作。餐饮经营者应当按照商务主管部门要求,及时准确报送相关信息。

第二十条　商务主管部门应当建立、健全举报制度,设立、公布投诉电话。

任何组织和个人对违反本办法的行为,有权向商务主管部门举报。商务主管部门接到举报后,对属于职责范围的,应当在20个工作日内作出处理决定;不属于职责范围的,应当在5个工作日内转交有关部门依法处理。处理过程中,商务主管部门应当对举报人的相关信息进行保密。

第二十一条　商务、价格等主管部门依照法律法规、规章及有关规定,在各自职责范围内对餐饮业经营行为进行监督管理。

对于餐饮经营者违反本办法的行为,法律法规及规章有规定的,商务主管部门可提请有关部门依法处罚;没有规定的,由商务主管部门责令限期改正,其中有违法所得的,可处违法所得3倍以下罚款,但最高不超过3万元;没有违法所得的,可处1万元以下罚款;对涉嫌犯罪的,依法移送司法机关处理。

商务、价格等主管部门应当自作出行政处罚决定之日起20个工作日内,公开行政处罚决定书的主要内容,但行政处罚决定书中涉及国家秘密、商业秘密、个人隐私的内容依法不予公开。

第二十二条　商务、价格等主管部门工作人员在监督管理工作中滥用职权、徇私舞弊的,对直接负责的主管人员和其他直接责任人员依法给予行政处分;构成犯罪的,依法追究刑事责任。

第二十三条　省级商务主管部门可依据本办法,结合本行政区域内餐饮业发展的实际情况,制定有关实施办法。

第二十四条　本办法自2014年11月1日起实施。

快递业务经营许可管理办法

中华人民共和国交通运输部令
2015 年第 15 号

《关于修改〈快递业务经营许可管理办法〉的决定》已于 2015 年 6 月 19 日经第 8 次部务会议通过,现予公布。

交通运输部部长
2015 年 6 月 24 日

(2009 年 9 月 1 日交通运输部发布;根据 2013 年 4 月 12 日交通运输部《关于修改〈快递业务经营许可管理办法〉的决定》第一次修正;根据 2015 年 6 月 24 日交通运输部《关于修改〈快递业务经营许可管理办法〉的决定》第二次修正)

第一章 总 则

第一条 为规范快递业务经营许可管理,促进快递行业健康发展,根据《中华人民共和国邮政法》、《中华人民共和国行政许可法》及其他有关法律、行政法规的规定，制定本办法。

第二条　快递业务经营许可的申请、审批和监督管理，适用本办法。

第三条　国务院邮政管理部门和省、自治区、直辖市邮政管理机构以及按照国务院规定设立的省级以下邮政管理机构（以下统称邮政管理部门）负责快递业务经营许可的管理工作。

第四条　快递业务经营许可管理，应当遵循公开、公平、公正以及便利高效的原则。

第五条　经营快递业务，应当依法取得邮政管理部门颁发的《快递业务经营许可证》，并接受邮政管理部门及其他有关部门的监督管理；未经许可，任何单位和个人不得经营快递业务。

第二章　许可条件

第六条　申请经营快递业务，应当符合《中华人民共和国邮政法》第五十二条的规定，具备下列条件：

（一）符合企业法人条件；

（二）在省、自治区、直辖市范围内经营的，注册资本不低于人民币五十万元，跨省、自治区、直辖市经营的，注册资本不低于人民币一百万元，经营国际快递业务的，注册资本不低于人民币二百万元；

（三）有本办法第七条、第八条、第九条规定的与申请经营的地域范围相适应的服务能力；

（四）有严格的服务质量管理制度，包括服务承诺、服务项目、服务价格、服务地域、赔偿办法、投诉受理办法等，有完备的业务操作规范，包括收寄验视、分拣运输、派送投递、业务查询等制度；

（五）有健全的安全保障制度和措施，包括保障寄递安全、快递服务人员和用户人身安全、用户信息安全的制度,符合国家标准的各项安全措施,开办代收货款业务的,应当以自营方式提供代收货款服务,具备完善的风险控制措施和资金结算系统,并明确与委托方和收件人之间的权利、义务;

(六)法律、行政法规规定的其他条件。

第七条 申请在省、自治区、直辖市范围内经营快递业务的,应当具备以下服务能力:

(一)具备在省、自治区、直辖市范围内经营快递业务的网络和运递能力;

(二)经营同城快递业务的,须提供寄递快件(邮件)的电话查询服务,经营省内异地快递业务的,除提供上述电话查询服务外,还应当有提供寄递快件(邮件)跟踪查询的信息网络;

(三)有符合《快递业务员国家职业技能标准》并通过资格认定的快递业务员,经营同城快递业务的,快递业务员中具备初级以上资格的不低于30%,经营省内异地快递业务的,快递业务员中具备初级以上资格的不低于40%。

第八条 申请跨省、自治区、直辖市经营快递业务的,应当具备以下服务能力:

(一)具备与申请经营地域范围相适应的网络和运递能力;

(二)有封闭的、面积适宜的快件(邮件)处理场所,符合国务院邮政管理部门及国家安全机关依法履行职责的要求,并配备相应的处理设备、监控设备和消防设施;

(三)有统一的计算机管理系统,有可提供寄递快件(邮件)跟踪查询的信息网络,并配置符合规定的数据接口,能够根据要求向邮政管理部门提供寄递快件(邮件)的有关数据;

(四)有符合《快递业务员国家职业技能标准》并通过资格认定的快递业务员,企业及其各分支机构快递业务员中,具备初级以上资格的均不低于40%。

第九条 申请经营国际快递业务的,应当具备以下服务能力:

(一) 具备经营国际快递业务的网络和运递能力;

(二) 有封闭的、面积适宜的快件(邮件)处理场所,符合国务院邮政管理部门及国家安全机关、海关依法履行职责的要求,并配备相应的处理设备、监控设备和消防设施;

(三) 有统一的计算机管理系统,有可提供寄递快件(邮件)跟踪查询的信息网络,并配置符合规定的数据接口,能够根据要求向邮政管理部门和有关部门提供寄递快件(邮件)的报关数据;

(四) 有符合《快递业务员国家职业技能标准》并通过资格认定的快递业务员,企业及其各分支机构快递业务员中,具备初级以上资格的均不低于50%;

(五) 有获得专业资格的报关、报检、报验人员。

第十条 外商不得投资经营信件的国内快递业务。

国内快递业务,是指从收寄到投递的全过程均发生在中华人民共和国境内的快递业务。

邮政企业以外的经营快递业务的企业(以下称快递企业),不得经营由邮政企业专营的信件寄递业务,不得寄递国家机关公文。

第三章　审批程序

第十一条 申请快递业务经营许可,在省、自治区、直辖市范围内经营的,应当向所在地省、自治区、直辖市邮政管理机构提出申请;跨省、自治区、直辖市经营或者经营国际快递业务的,应当向国务院邮政管理部门提出申请。

第十二条 申请快递业务经营许可,应当向邮政管理部门提交下列申请材料:

(一) 快递业务经营许可申请书;

(二) 工商行政管理部门出具的企业名称预核准通知书或者企

业法人营业执照；

（三）场地使用证明以及本办法第六、七、八、九条规定条件的相关材料；

（四）法律、行政法规规定的其他材料。

第十三条 邮政管理部门应当自受理之日起四十五日内对申请材料审查核实，作出批准或者不予批准的决定。予以批准的，颁发《快递业务经营许可证》；不予批准的，书面通知申请人并说明理由。

邮政管理部门审查快递业务经营许可的申请，应当考虑国家安全等因素，并征求有关部门的意见。

第十四条 申请人凭《快递业务经营许可证》向工商行政管理部门办理设立或者变更登记。

第十五条 取得快递业务经营许可的企业设立分公司、营业部等非法人分支机构，凭企业法人快递业务经营许可证（副本）及所附分支机构名录，到分支机构所在地工商行政管理部门办理注册登记。企业分支机构取得营业执照之日起二十日内到所在地省级以下邮政管理机构办理备案手续。

经营快递业务的企业合并、分立或者撤销分支机构的，应当向邮政管理部门备案。

第十六条 《中华人民共和国邮政法》公布前按照国家有关规定，经国务院对外贸易主管部门批准或者备案，并向工商行政管理部门依法办理登记后经营国际快递业务的国际货物运输代理企业，依照《中华人民共和国邮政法》第八十五条规定领取《快递业务经营许可证》的，应当向国务院邮政管理部门提交下列材料：

（一）《快递业务经营许可证》领取申请书；

（二）国务院对外贸易主管部门批准或备案文件；

（三）工商行政管理部门依法颁发的营业执照；

（四）分支机构名录。

第四章 许可证管理

第十七条 经营快递业务的企业，应当按照《快递业务经营许可证》的许可范围和有效期限经营快递业务。

《快递业务经营许可证》的有效期限为五年。

经营快递业务的企业，应当在《快递业务经营许可证》有效期届满三十日前向颁发许可证的邮政管理部门提出申请，换领许可证。

第十八条 《快递业务经营许可证》管理实行年度报告制度。经营快递业务的企业应当在每年四月三十日前向颁发《快递业务经营许可证》的邮政管理部门提交下列材料：

（一）年度报告书，包括年度经营情况、遵守法律法规情况等；

（二）《快递业务经营许可证》副本原件；

（三）企业法人营业执照复印件。

第十九条 《快递业务经营许可证》企业名称、企业类型、股权关系、注册资本、经营范围、经营地域和分支机构等事项发生变更的，应当报邮政管理部门办理变更手续，并换领许可证。

第二十条 快递企业在《快递业务经营许可证》有效期内停止经营的，应当提前书面告知颁发许可证的邮政管理部门，交回《快递业务经营许可证》，并按邮政管理部门规定妥善处理未投递的快件。

第二十一条 遇有下列情形之一的，邮政管理部门应当依法办理快递业务经营许可的注销手续：

（一）《快递业务经营许可证》有效期届满未延续的；

（二）企业法人资格依法终止的；

（三）申请人自取得《快递业务经营许可证》后无正当理由超过六个月未经营快递业务的，或者自行连续停业六个月以上的；

（四）《快递业务经营许可证》有效期内停止经营的；

（五）快递业务经营许可依法被撤销、撤回的，或者《快递业务经营许可证》被依法吊销的；

（六）法律、行政法规规定的其他情形。

第二十二条　邮政管理部门应当对《快递业务经营许可证》的颁发、变更、注销等事项向社会公告。

第二十三条　《快递业务经营许可证》由国务院邮政管理部门统一印制。

任何组织和个人不得伪造、涂改、冒用、租借、买卖和转让《快递业务经营许可证》。

第五章　监督检查

第二十四条　邮政管理部门依法对取得《快递业务经营许可证》的企业进行监督检查，被检查企业应当接受和配合监督检查。

第二十五条　监督检查的主要内容：

（一）经营快递业务的企业名称、法定代表人（负责人）、经营地址、经营范围、经营地域、经营期限等重要事项，应当与《快递业务经营许可证》登记事项相符合；

（二）《快递业务经营许可证》变更、延续、注销等手续的执行和办理情况；

（三）经营快递业务的企业应当持续符合颁发《快递业务经营许可证》的条件；

（四）法律、行政法规规定的其他内容。

第二十六条　邮政管理部门进行监督检查时，监督检查人员不得少于二人，并应当出示执法证件；应当记录监督检查的情况和处理结果，由监督检查人员签字后归档。

第二十七条　邮政管理部门进行监督检查时，不得妨碍经营快递业务的企业正常的生产经营活动，不得收取任何费用。

第二十八条 公民、企业和其他组织发现邮政管理部门的工作人员在实施行政许可和监督检查过程中有违法行为，有权向邮政管理部门举报，接到举报的邮政管理部门应当及时核实、处理。

第六章 法律责任

第二十九条 违反本办法第五条、第十七条第一款规定的，依照《中华人民共和国邮政法》第七十二条规定予以处罚。

第三十条 申请快递业务经营许可时，申请人隐瞒真实情况，弄虚作假，骗取经营许可的，由邮政管理部门依法撤销经营许可，并可处以一万元以上三万元以下的罚款。

伪造、涂改、冒用、租借、买卖和转让《快递业务经营许可证》的，邮政管理部门可处以一万元以上三万元以下罚款，构成犯罪的，依法追究刑事责任。

第三十一条 快递企业设立分支机构、合并、分立，未向邮政管理部门备案的，依照《中华人民共和国邮政法》第七十三条规定予以处罚。

除前款规定外，经营快递业务的企业，未按本办法规定办理备案、变更手续，或者未按期提交年度报告书的，由邮政管理部门责令改正，并可处以一万元以下的罚款；办理备案和变更手续、提交年度报告书，隐瞒真实情况、弄虚作假的，由邮政管理部门责令改正，并可处以一万元以上三万元以下的罚款。

第三十二条 快递企业停止经营快递业务，未书面告知邮政管理部门并交回《快递业务经营许可证》，或者未按照国务院邮政管理部门的规定妥善处理尚未投递的快件的，依照《中华人民共和国邮政法》第七十三条规定予以处罚。

第三十三条 违反本办法第二十四条规定，依照《中华人民共和国邮政法》第七十七条规定予以处罚。

第三十四条 经营快递业务的企业对邮政管理部门根据本办法作出的具体行政行为不服的，可以依法申请行政复议，也可以向人民法院提起行政诉讼。

经营快递业务的企业逾期不履行行政处罚决定的，由作出行政处罚决定的邮政管理部门申请人民法院强制执行。

第三十五条 邮政管理部门工作人员在快递业务经营许可管理工作中滥用职权、玩忽职守、徇私舞弊的，由主管机关或者监察机关给予行政处分；涉嫌构成犯罪的，由司法机关追究刑事责任。

第七章 附 则

第三十六条 除本办法第十六条规定的企业外，《中华人民共和国邮政法》公布前依法向工商行政管理部门办理登记后经营快递业务的企业，不具备经营快递业务的条件的，应当自本办法实施之日起一年内达到经营快递业务的条件，并依法取得快递业务经营许可，逾期不能取得快递业务经营许可的，不得继续经营快递业务。

第三十七条 本办法自2009年10月1日起施行。

电信业务经营许可管理办法

中华人民共和国工业和信息化部令

第 42 号

《电信业务经营许可管理办法》已经 2017 年 6 月 21 日工业和信息化部第 31 次部务会议审议通过，现予公布，自 2017 年 9 月 1 日起施行。工业和信息化部 2009 年 3 月 5 日公布的《电信业务经营许可管理办法》（工业和信息化部令第 5 号）同时废止。

部长　苗圩

2017 年 7 月 3 日

第一章　总　则

第一条　为了加强电信业务经营许可管理，根据《中华人民共和国电信条例》及其他法律、行政法规的规定，制定本办法。

第二条　在中华人民共和国境内申请、审批、使用和管理电信业务经营许可证（以下简称经营许可证），适用本办法。

第三条　工业和信息化部和省、自治区、直辖市通信管理局

（以下统称电信管理机构）是经营许可证的审批管理机构。

经营许可证审批管理应当遵循便民、高效、公开、公平、公正的原则。

工业和信息化部建立电信业务综合管理平台（以下简称管理平台），推进经营许可证的网上申请、审批和管理及相关信息公示、查询、共享，完善信用管理机制。

第四条 经营电信业务，应当依法取得电信管理机构颁发的经营许可证。

电信业务经营者在电信业务经营活动中，应当遵守经营许可证的规定，接受、配合电信管理机构的监督管理。

电信业务经营者按照经营许可证的规定经营电信业务受法律保护。

第二章 经营许可证的申请

第五条 经营基础电信业务，应当具备下列条件：

（一）经营者为依法设立的专门从事基础电信业务的公司，并且公司的国有股权或者股份不少于51%；

（二）有业务发展研究报告和组网技术方案；

（三）有与从事经营活动相适应的资金和专业人员；

（四）有从事经营活动的场地、设施及相应的资源；

（五）有为用户提供长期服务的信誉或者能力；

（六）在省、自治区、直辖市范围内经营的，注册资本最低限额为1亿元人民币；在全国或者跨省、自治区、直辖市范围经营的，注册资本最低限额为10亿元人民币；

（七）公司及其主要投资者和主要经营管理人员未被列入电信业务经营失信名单；

（八）国家规定的其他条件。

第六条 经营增值电信业务，应当具备下列条件：

（一）经营者为依法设立的公司；

（二）有与开展经营活动相适应的资金和专业人员；

（三）有为用户提供长期服务的信誉或者能力；

（四）在省、自治区、直辖市范围内经营的，注册资本最低限额为 100 万元人民币；在全国或者跨省、自治区、直辖市范围经营的，注册资本最低限额为 1000 万元人民币；

（五）有必要的场地、设施及技术方案；

（六）公司及其主要投资者和主要经营管理人员未被列入电信业务经营失信名单；

（七）国家规定的其他条件。

第七条 申请办理基础电信业务经营许可证的，应当向工业和信息化部提交下列申请材料：

（一）公司法定代表人签署的经营基础电信业务的书面申请，内容包括：申请经营电信业务的种类、业务覆盖范围、公司名称和联系方式等；

（二）公司营业执照副本及复印件；

（三）公司概况，包括公司基本情况，拟从事电信业务的机构设置和管理情况、技术力量和经营管理人员情况，与从事经营活动相适应的场地、设施等情况；

（四）公司章程、公司股权结构及股东的有关情况；

（五）业务发展研究报告，包括：经营电信业务的业务发展和实施计划、服务项目、业务覆盖范围、收费方案、预期服务质量、效益分析等；

（六）组网技术方案，包括：网络结构、网络规模、网络建设计划、网络互联方案、技术标准、电信设备的配置、电信资源使用方案等；

（七）为用户提供长期服务和质量保障的措施；

（八）网络与信息安全保障措施；

（九）证明公司信誉的有关材料；

（十）公司法定代表人签署的公司依法经营电信业务的承诺书。

第八条 申请办理增值电信业务经营许可证的，应当向电信管理机构提交下列申请材料：

（一）公司法定代表人签署的经营增值电信业务的书面申请，内容包括：申请经营电信业务的种类、业务覆盖范围、公司名称和联系方式等；

（二）公司营业执照副本及复印件；

（三）公司概况，包括：公司基本情况，拟从事电信业务的人员、场地和设施等情况；

（四）公司章程、公司股权结构及股东的有关情况；

（五）经营电信业务的业务发展和实施计划及技术方案；

（六）为用户提供长期服务和质量保障的措施；

（七）网络与信息安全保障措施；

（八）证明公司信誉的有关材料；

（九）公司法定代表人签署的公司依法经营电信业务的承诺书。

申请经营的电信业务依照法律、行政法规及国家有关规定须经有关主管部门事先审核同意的，应当提交有关主管部门审核同意的文件。

第三章 经营许可证的审批

第九条 经营许可证分为《基础电信业务经营许可证》和《增值电信业务经营许可证》两类。其中，《增值电信业务经营许可证》分为《跨地区增值电信业务经营许可证》和省、自治区、直辖市范围内的《增值电信业务经营许可证》。

《基础电信业务经营许可证》和《跨地区增值电信业务经营许

可证》由工业和信息化部审批。省、自治区、直辖市范围内的《增值电信业务经营许可证》由省、自治区、直辖市通信管理局审批。

外商投资电信企业的经营许可证,由工业和信息化部根据《外商投资电信企业管理规定》审批。

第十条 工业和信息化部应当对申请经营基础电信业务的申请材料进行审查。申请材料齐全、符合法定形式的,应当向申请人出具受理申请通知书。申请材料不齐全或者不符合法定形式的,应当当场或者在五日内一次告知申请人需要补正的全部内容。

工业和信息化部受理申请之后,应当组织专家对第七条第五项、第六项、第八项申请材料进行评审,形成评审意见。

工业和信息化部应当自受理申请之日起180日内审查完毕,作出批准或者不予批准的决定。予以批准的,颁发《基础电信业务经营许可证》。不予批准的,应当书面通知申请人并说明理由。

第十一条 电信管理机构应当对申请经营增值电信业务的申请材料进行审查。申请材料齐全、符合法定形式的,应当向申请人出具受理申请通知书。申请材料不齐全或者不符合法定形式的,应当当场或者在五日内一次告知申请人需要补正的全部内容。

电信管理机构根据管理需要,可以组织专家对第八条第五项、第六项和第七项申请材料进行评审,形成评审意见。

电信管理机构应当自收到全部申请材料之日起60日内审查完毕,作出批准或者不予批准的决定。予以批准的,颁发《跨地区增值电信业务经营许可证》或者省、自治区、直辖市范围内的《增值电信业务经营许可证》。不予批准的,应当书面通知申请人并说明理由。

第十二条 电信管理机构需要对申请材料实质内容进行核实的,可以自行或者委托其他机构对申请人实地查验,申请人应当配合。

电信管理机构组织专家评审的,专家评审时间不计算在本办法

第十条第三款和第十一条第三款规定的审查期限内。

第十三条 经营许可证由正文和附件组成。

经营许可证正文应当载明公司名称、法定代表人、业务种类（服务项目）、业务覆盖范围、有效期限、发证机关、发证日期、经营许可证编号等内容。

经营许可证附件可以规定特别事项，由电信管理机构对电信业务经营行为、电信业务经营者权利义务等作出特别要求。

经营许可证应当加盖发证机关印章。

工业和信息化部可以根据实际情况，调整经营许可证的内容，重新公布。

第十四条 《基础电信业务经营许可证》的有效期，根据电信业务种类分为5年、10年。

《跨地区增值电信业务经营许可证》和省、自治区、直辖市范围内的《增值电信业务经营许可证》的有效期为5年。

第十五条 经营许可证由公司法定代表人领取，或者由其委托的公司其他人员凭委托书领取。

第四章 经营许可证的使用

第十六条 电信业务经营者应当按照经营许可证所载明的电信业务种类，在规定的业务覆盖范围内，按照经营许可证的规定经营电信业务。

电信业务经营者应当在公司主要经营场所、网站主页、业务宣传材料等显著位置标明其经营许可证编号。

第十七条 获准经营无线电通信业务的，应当按照国家无线电管理相关规定，持经营许可证向无线电管理机构申请取得无线电频率使用许可。

第十八条 电信业务经营者经发证机关批准，可以授权其持股比例（包括直接持有和间接持有）不少于51%并符合经营电信业务条件的公司经营其获准经营的电信业务。发证机关应当在电信业务经营者的经营许可证中载明该被授权公司的名称、法定代表人、业务种类、业务覆盖范围等内容。

获准跨地区经营基础电信业务的公司在一个地区不能授权两家或者两家以上公司经营同一项基础电信业务。

第十九条 任何单位和个人不得伪造、涂改、冒用和以任何方式转让经营许可证。

第五章 经营行为的规范

第二十条 基础电信业务经营者应当按照公开、平等的原则为取得经营许可证的电信业务经营者提供经营相关电信业务所需的电信服务和电信资源，不得为无经营许可证的单位或者个人提供用于经营电信业务的电信资源或者提供网络接入、业务接入服务。

第二十一条 电信业务经营者不得以任何方式实施不正当竞争。

第二十二条 为增值电信业务经营者提供网络接入、代理收费和业务合作的基础电信业务经营者，应当对相应增值电信业务的内容、收费、合作行为等进行规范、管理，并建立相应的发现、监督和处置制度及措施。

第二十三条 基础电信业务经营者调整与增值电信业务经营者之间的合作条件的，应当事先征求相关增值电信业务经营者的意见。

有关意见征求情况及记录应当留存，并在电信管理机构监督检查时予以提供。

第二十四条 提供接入服务的增值电信业务经营者应当遵守下列规定：

（一）应当租用取得相应经营许可证的基础电信业务经营者提供的电信服务或者电信资源从事业务经营活动，不得向其他从事接入服务的增值电信业务经营者转租所获得的电信服务或者电信资源；

（二）为用户办理接入服务手续时，应当要求用户提供真实身份信息并予以查验；

（三）不得为未依法取得经营许可证或者履行非经营性互联网信息服务备案手续的单位或者个人提供接入或者代收费等服务；

（四）按照电信管理机构的规定，建立相应的业务管理系统，并按要求实现同电信管理机构相应系统对接，定期报送有关业务管理信息；

（五）对所接入网站传播违法信息的行为进行监督，发现传播明显属于《中华人民共和国电信条例》第五十六条规定的信息的，应当立即停止接入和代收费等服务，保存有关记录，并向国家有关机关报告；

（六）按照电信管理机构的要求终止或者暂停对违法网站的接入服务。

第二十五条　电信管理机构建立电信业务市场监测制度。相关电信业务经营者应当按照规定向电信管理机构报送相应的监测信息。

第二十六条　电信业务经营者应当按照国家和电信管理机构的规定，明确相应的网络与信息安全管理机构和专职网络与信息安全管理人员，建立网络与信息安全保障、网络安全防护、违法信息监测处置、新业务安全评估、网络安全监测预警、突发事件应急处置、用户信息安全保护等制度，并具备相应的技术保障措施。

第六章　经营许可证的变更、撤销、吊销和注销

第二十七条　经营许可证有效期届满需要继续经营的，应当提前90日向原发证机关提出延续经营许可证的申请；不再继续经营的，应当提前90日向原发证机关报告，并做好善后工作。

未在前款规定期限内提出延续经营许可证的申请，或者在经营许可证有效期内未开通电信业务的，有效期届满不予延续。

第二十八条 电信业务经营者或者其授权经营电信业务的公司，遇有因合并或者分立、股东变化等导致经营主体需要变更的情形，或者业务范围需要变化的，应当自公司作出决定之日起30日内向原发证机关提出申请。

电信业务经营者变更经营主体、股东的，应当符合本办法第五条、第六条、第九条第三款的有关规定。

第二十九条 在经营许可证的有效期内，变更公司名称、法定代表人、注册资本的，应当在完成公司的工商变更登记手续之日起30日内向原发证机关申请办理电信业务经营许可证变更手续。

第三十条 在经营许可证的有效期内，电信业务经营者需要终止经营的，应当符合下列条件：

（一）终止经营基础电信业务的，应当符合电信管理机构确定的电信行业管理总体布局；

（二）有可行的用户妥善处理方案并已妥善处理用户善后问题。

第三十一条 在经营许可证的有效期内，电信业务经营者需要终止经营的，应当向原发证机关提交下列申请材料：

（一）公司法定代表人签署并加盖印章的终止经营电信业务书面申请，内容包括：公司名称、联系方式、经营许可证编号、申请终止经营的电信业务种类、业务覆盖范围等；

（二）公司股东会或者股东大会关于同意终止经营电信业务的决定；

（三）公司法定代表人签署的做好用户善后处理工作的承诺书；

（四）公司关于解决用户善后问题的情况说明，内容包括：用户处理方案、社会公示情况说明、用户意见汇总、实施计划等；

（五）公司的经营许可证原件、营业执照复印件。

原发证机关收到终止经营电信业务的申请后应当向社会公示，

公示期为30日。自公示期结束60日内，原发证机关应当完成审查工作，作出予以批准或者不予批准的决定。对于符合终止经营电信业务条件的，原发证机关应当予以批准，收回并注销电信业务经营许可证或者注销相应的电信业务种类、业务覆盖范围；对于不符合终止经营电信业务条件的，原发证机关应当不予批准，书面通知申请人并说明理由。

第三十二条 有下列情形之一的，发证机关或者其上级机关可以撤销经营许可证：

（一）发证机关工作人员滥用职权、玩忽职守作出准予行政许可决定的；

（二）超越法定职权或者违反法定程序作出准予行政许可决定的；

（三）对不具备申请资格或者不符合申请条件的申请人准予行政许可的；

（四）依法可以撤销经营许可证的其他情形。

第三十三条 有下列情形之一的，发证机关应当注销经营许可证：

（一）电信业务经营者依法终止的；

（二）经营许可证有效期届满未延续的；

（三）电信业务经营者被有关机关依法处罚或者因不可抗力，导致电信业务经营许可事项无法实施的；

（四）经营许可证依法被撤销、吊销的；

（五）法律、法规规定应当注销经营许可证的其他情形。

第三十四条 发证机关吊销、撤销或者注销电信业务经营者的经营许可证后，应当向社会公布。

电信业务经营者被吊销、撤销或者注销经营许可证的，应当按照国家有关规定做好善后工作。

被吊销、撤销或者注销经营许可证的，应当将经营许可证交回原发证机关。

第七章　经营许可的监督检查

第三十五条　电信业务经营者应当在每年第一季度通过管理平台向发证机关报告下列信息：

（一）上一年度的电信业务经营情况；

（二）网络建设、业务发展、人员及机构变动情况；

（三）服务质量情况；

（四）网络与信息安全保障制度和措施执行情况；

（五）执行国家和电信管理机构有关规定及经营许可证特别事项的情况；

（六）发证机关要求报送的其他信息。

前款第一项至第三项规定的信息（涉及商业秘密的信息除外）应当向社会公示，第五项、第六项规定的信息由电信业务经营者选择是否向社会公示。

电信业务经营者应当对本条第一款规定的年报信息的真实性负责，不得弄虚作假或者隐瞒真实情况。

第三十六条　电信管理机构建立随机抽查机制，对电信业务经营者的年报信息、日常经营活动、执行国家和电信管理机构有关规定的情况等进行检查。

电信管理机构可以采取书面检查、实地核查、网络监测等方式，并可以委托第三方机构开展有关检查工作。

电信管理机构在抽查中发现电信业务经营者有违反电信管理规定的违法行为的，应当依法处理。

第三十七条　电信管理机构根据随机抽查、日常监督检查及行政处罚记录等情况，建立电信业务经营不良名单和电信业务经营失信名单。

电信业务经营不良名单和失信名单应当定期通过管理平台更新

并向社会公示。

第三十八条　电信管理机构发现电信业务经营者未按照本办法第三十五条的规定报告年报信息的，应当要求其限期报告。电信业务经营者未按照电信管理机构要求的期限报告年报信息的，由电信管理机构列入电信业务经营不良名单。

依照前款规定列入电信业务经营不良名单的电信业务经营者，依照本办法规定履行报告年报信息义务的，经电信管理机构确认后移出。

第三十九条　获准跨地区经营电信业务的公司在有关省、自治区、直辖市设立、变更或者撤销分支机构的，应当自作出决定之日起30日内通过管理平台向原发证机关和当地电信管理机构报送有关信息。

省、自治区、直辖市通信管理局应当对跨地区电信业务经营者在当地开展电信业务的有关情况进行监督检查，并向工业和信息化部报告有关检查结果。

第四十条　电信管理机构开展监督检查，不得妨碍电信业务经营者正常的生产经营活动，不得收取任何费用。

电信管理机构开展监督检查时，应当记录监督检查的情况和处理结果，由监督检查人员签字后归档。

电信管理机构应当通过管理平台公示监督检查情况。

第四十一条　电信管理机构应当通过管理平台向社会公示电信业务经营者受到行政处罚的情况，并向相关基础电信业务经营者和提供接入服务的增值电信业务经营者通报。

第四十二条　电信业务经营者受到电信管理机构行政处罚的，由电信管理机构自作出行政处罚决定之日起30日内列入电信业务经营不良名单，但受到电信管理机构吊销经营许可证的处罚或者具有本办法规定直接列入电信业务经营失信名单情形的，直接列入失信名单。

列入电信业务经营不良名单的电信业务经营者，一年内未再次受到电信管理机构行政处罚的，由电信管理机构移出不良名单；三年内再次受到电信管理机构责令停业整顿、吊销经营许可证的处罚，或者具有工业和信息化部规定的其他情形的，由电信管理机构列入电信业务经营失信名单。

列入电信业务经营失信名单后，三年内未再次受到电信管理机构行政处罚的，由电信管理机构移出失信名单。

列入或者移出电信业务经营失信名单，应当同时将电信业务经营者的主要经营管理人员列入或者移出。

第四十三条 电信管理机构对列入电信业务经营不良名单和失信名单的电信业务经营者实施重点监管。

基础电信业务经营者和提供接入服务的增值电信业务经营者向其他增值电信业务经营者提供网络接入、代收费和业务合作时，应当把电信业务经营不良名单和失信名单作为重要考量因素。

第四十四条 任何单位或者个人发现电信业务经营者违反电信管理规定应当受到行政处罚的，可以向有关电信管理机构举报。

第八章 法律责任

第四十五条 隐瞒有关情况或者提供虚假材料申请电信业务经营许可的，电信管理机构不予受理或者不予行政许可，给予警告，申请人在一年内不得再次申请该行政许可。

以欺骗、贿赂等不正当手段取得电信业务经营许可的，电信管理机构撤销该行政许可，给予警告并直接列入电信业务经营失信名单，并视情节轻重处 5000 元以上 3 万元以下的罚款，申请人在三年内不得再次申请该行政许可；构成犯罪的，依法追究刑事责任。

第四十六条 违反本办法第十六条第一款、第二十八条第一款规定，擅自经营电信业务或者超范围经营电信业务的，依照《中华人民共和国电信条例》第六十九条规定予以处罚，其中情节严重、给予责令停业整顿处罚的,直接列入电信业务经营失信名单。

第四十七条 违反本办法第十九条规定的,依照《中华人民共和国电信条例》第六十八条规定予以处罚。

第四十八条 违反本办法第四条第二款、第二十条、第二十二条、第二十三条、第二十四条、第二十九条、第三十一条或者第三十五条第三款规定的,由电信管理机构责令改正,给予警告,可以并处5000元以上3万元以下的罚款。

《中华人民共和国网络安全法》《中华人民共和国电信条例》对前款规定的情形规定法律责任的,电信管理机构从其规定处理。

第四十九条 当事人对电信管理机构作出的行政许可、行政处罚决定不服的,可以依法申请行政复议或者提起行政诉讼。

当事人逾期不申请行政复议也不提起行政诉讼,又不履行行政处罚决定的,由作出行政处罚决定的电信管理机构申请人民法院强制执行,并列入电信业务经营失信名单。

第五十条 电信管理机构的工作人员在经营许可证管理工作中,玩忽职守、滥用职权、徇私舞弊,构成犯罪的,移交司法机关依法追究刑事责任;尚不构成犯罪的,由所在单位或者上级主管部门依法给予处分。

第九章 附 则

第五十一条 经营许可证由工业和信息化部统一印制。

第五十二条 电信管理机构可以参照本办法组织开展电信业务商用试验活动。

第五十三条 本办法自2017年9月1日起施行。2009年3月5日公布的《电信业务经营许可管理办法》(工业和信息化部令第5号)同时废止。

农药经营许可管理办法

中华人民共和国农业部令
2017 年第 5 号

《农药经营许可管理办法》已经农业部 2017 年第 6 次常务会议审议通过，现予公布，自 2017 年 8 月 1 日起施行。

部长　韩长赋
2017 年 6 月 21 日

第一章　总　则

第一条　为了规范农药经营行为，加强农药经营许可管理，根据《农药管理条例》，制定本办法。

第二条　农药经营许可的申请、审查、核发和监督管理，适用本办法。

第三条　在中华人民共和国境内销售农药的，应当取得农药经营许可证。

第四条　农业部负责监督指导全国农药经营许可管理工作。

限制使用农药经营许可由省级人民政府农业主管部门（以下简称省级农业部门）核发；其他农药经营许可由县级以上地方人民政府农业主管部门（以下简称县级以上地方农业部门）根据农药经营者的申请分别核发。

第五条 农药经营许可实行一企一证管理，一个农药经营者只核发一个农药经营许可证。

第六条 县级以上地方农业部门应当加强农药经营许可信息化管理，及时将农药经营许可、监督管理等信息上传至农业部规定的农药管理信息平台。

第二章 申请与受理

第七条 农药经营者应当具备下列条件：

（一）有农学、植保、农药等相关专业中专以上学历或者专业教育培训机构五十六学时以上的学习经历，熟悉农药管理规定，掌握农药和病虫害防治专业知识，能够指导安全合理使用农药的经营人员；

（二）有不少于三十平方米的营业场所、不少于五十平方米的仓储场所，并与其他商品、生活区域、饮用水源有效隔离；兼营其他农业投入品的，应当具有相对独立的农药经营区域；

（三）营业场所和仓储场所应当配备通风、消防、预防中毒等设施，有与所经营农药品种、类别相适应的货架、柜台等展示、陈列的设施设备；

（四）有可追溯电子信息码扫描识别设备和用于记载农药购进、储存、销售等电子台账的计算机管理系统；

（五）有进货查验、台账记录、安全管理、安全防护、应急处置、仓储管理、农药废弃物回收与处置、使用指导等管理制度和岗位操作规程；

（六）农业部规定的其他条件。

经营限制使用农药的，还应当具备下列条件：

（一）有熟悉限制使用农药相关专业知识和病虫害防治的专业技术人员，并有两年以上从事农学、植保、农药相关工作的经历；

（二）有明显标识的销售专柜、仓储场所及其配套的安全保障设施、设备；

（三）符合省级农业部门制定的限制使用农药的定点经营布局。

农药经营者的分支机构也应当符合本条第一款、第二款的相关规定。限制使用农药经营者的分支机构经营限制使用农药的，应当符合限制使用农药定点经营规定。

第八条 申请农药经营许可证的，应当向县级以上地方农业部门提交以下材料：

（一）农药经营许可证申请表；

（二）法定代表人（负责人）身份证明复印件；

（三）经营人员的学历或者培训证明；

（四）营业场所和仓储场所地址、面积、平面图等说明材料及照片；

（五）计算机管理系统、可追溯电子信息码扫描设备、安全防护、仓储设施等清单及照片；

（六）有关管理制度目录及文本；

（七）申请材料真实性、合法性声明；

（八）农业部规定的其他材料。

申请材料应当同时提交纸质文件和电子文档。

第九条 县级以上地方农业部门对申请人提交的申请材料，应当根据下列情况分别作出处理：

（一）不需要农药经营许可的，即时告知申请者不予受理；

（二）申请材料存在错误的，允许申请者当场更正；

（三）申请材料不齐全或者不符合法定形式的，应当当场或者在五个工作日内一次告知申请者需要补正的全部内容，逾期不告知的，自收到申请材料之日起即为受理；

（四）申请材料齐全、符合法定形式，或者申请者按照要求提交全部补正材料的，予以受理。

第三章　　审查与决定

第十条　县级以上地方农业部门应当对农药经营许可申请材料进行审查，必要时进行实地核查或者委托下级农业主管部门进行实地核查。

第十一条　县级以上地方农业部门应当自受理之日起二十个工作日内作出审批决定。符合条件的，核发农药经营许可证；不符合条件的，书面通知申请人并说明理由。

第十二条　农药经营许可证应当载明许可证编号、经营者名称、住所、营业场所、仓储场所、经营范围、有效期、法定代表人（负责人）、统一社会信用代码等事项。

经营者设立分支机构的，还应当注明分支机构的营业场所和仓储场所地址等事项。

农药经营许可证编号规则为：农药经许+省份简称+发证机关代码+经营范围代码+顺序号（四位数）。

经营范围按照农药、农药（限制使用农药除外）分别标注。

农药经营许可证式样由农业部统一制定。

第四章　　变更与延续

第十三条　农药经营许可证有效期为五年。农药经营许可证有效期内，改变农药经营者名称、法定代表人（负责人）、住所、调整分支机构，或者减少经营范围的，应当自发生变化之日起三十日内向原发证机关提出变更申请，并提交变更申请表和相关证明等材料。

原发证机关应当自受理变更申请之日起二十个工作日内办理。符合条件的，重新核发农药经营许可证；不符合条件的，书面通知申请人并说明理由。

第十四条　经营范围增加限制使用农药或者营业场所、仓储场所地址发生变更的，应当按照本办法的规定重新申请农药经营许可证。

第十五条　农药经营许可证有效期届满，需要继续经营农药的，农药经营者应当在有效期届满九十日前向原发证机关申请延续。

第十六条　申请农药经营许可证延续的，应当向原发证机关提交申请表、农药经营情况综合报告等材料。

第十七条　原发证机关对申请材料进行审查，未在规定期限内提交申请或者不符合农药经营条件要求的，不予延续。

第十八条　农药经营许可证遗失、损坏的，应当说明原因并提供相关证明材料，及时向原发证机关申请补发。

第五章　监督检查

第十九条　有下列情形之一的，不需要取得农药经营许可证：

（一）专门经营卫生用农药的；

（二）农药经营者在发证机关管辖的行政区域内设立分支机构的；

（三）农药生产企业在其生产场所范围内销售本企业生产的农药，或者向农药经营者直接销售本企业生产农药的。

第二十条　农药经营者应当将农药经营许可证置于营业场所的醒目位置，并按照《农药管理条例》规定，建立采购、销售台账，向购买人询问病虫害发生情况，必要时应当实地查看病虫害发生情况，科学推荐农药，正确说明农药的使用范围、使用方法和剂量、使用技术要求和注意事项，不得误导购买人。

限制使用农药的经营者应当为农药使用者提供用药指导，并逐步提供统一用药服务。

第二十一条 限制使用农药不得利用互联网经营。利用互联网经营其他农药的，应当取得农药经营许可证。

超出经营范围经营限制使用农药，或者利用互联网经营限制使用农药的，按照未取得农药经营许可证处理。

第二十二条 农药经营者应当在每季度结束之日起十五日内，将上季度农药经营数据上传至农业部规定的农药管理信息平台或者通过其他形式报发证机关备案。

农药经营者设立分支机构的，应当在农药经营许可证变更后三十日内，向分支机构所在地县级农业部门备案。

第二十三条 县级以上地方农业部门应当对农药经营情况进行监督检查，定期调查统计农药销售情况，建立农药经营诚信档案并予以公布。

第二十四条 县级以上地方农业部门发现农药经营者不再符合规定条件的，应当责令其限期整改；逾期拒不整改或者整改后仍不符合规定条件的，发证机关吊销其农药经营许可证。

第二十五条 有下列情形之一的，发证机关依法注销农药经营许可证：

（一）农药经营者申请注销的；

（二）主体资格依法终止的；

（三）农药经营许可有效期届满未申请延续的；

（四）农药经营许可依法被撤回、撤销、吊销的；

（五）依法应当注销的其他情形。

第二十六条 县级以上地方农业部门及其工作人员应当依法履行农药经营许可管理职责，自觉接受农药经营者和社会监督。

第二十七条 上级农业部门应当加强对下级农业部门农药经营

许可管理工作的监督,发现有关工作人员有违规行为的,应当责令改正;依法应当给予处分的,向其任免机关或者监察机关提出处分建议。

第二十八条　县级以上农业部门及其工作人员有下列行为之一的,责令改正;对负有责任的领导人员和直接责任人员调查处理;依法给予处分;构成犯罪的,依法追究刑事责任:

(一)不履行农药经营监督管理职责,所辖行政区域的违法农药经营活动造成重大损失或者恶劣社会影响;

(二)对不符合条件的申请人准予经营许可或者对符合条件的申请人拒不准予经营许可;

(三)参与农药生产、经营活动;

(四)有其他徇私舞弊、滥用职权、玩忽职守行为。

第二十九条　任何单位和个人发现违法从事农药经营活动的,有权向农业部门举报,农业部门应当及时核实、处理,严格为举报人保密。经查证属实,并对生产安全起到积极作用或者挽回损失较大的,按照国家有关规定予以表彰或者奖励。

第三十条　农药经营者违法从事农药经营活动的,按照《农药管理条例》的规定处罚;构成犯罪的,依法追究刑事责任。

第六章　附　则

第三十一条　本办法自2017年8月1日起施行。

2017年6月1日前已从事农药经营活动的,应当自本办法施行之日起一年内达到本办法规定的条件,并依法申领农药经营许可证。

在本办法施行前已按有关规定取得农药经营许可证的,可以在有效期内继续从事农药经营活动,但经营限制使用农药的应当重新申请农药经营许可证;有效期届满,需要继续经营农药的,应当在有效期届满九十日前,按本办法的规定,重新申请农药经营许可证。

表演经营活动管理

网络表演经营活动管理办法

文化部关于印发《网络表演经营活动管理办法》的通知
文市发〔2016〕33号

各省、自治区、直辖市文化厅（局），新疆生产建设兵团文化广播电视局，西藏自治区、北京市、天津市、上海市、重庆市文化市场（综合）行政执法总队：

　　为切实加强网络表演经营活动管理，规范市场秩序，推动网络表演行业健康有序发展，根据《互联网信息服务管理办法》、《互联网文化管理暂行规定》等有关法律法规，文化部制定了《网络表演经营活动管理办法》，现予印发，请认真贯彻执行。

　　网络表演是网络文化的重要组成部分。各级文化行政部门和文化市场综合执法机构要加强对网络表演市场的管理和规范，主动引导网络文化经营单位依法依规开展经营活动，自觉提供内容健康、向上向善，有益于弘扬社会主义核心价值观的优秀网络表演，促进我国网络文化繁荣发展。

特此通知。

中华人民共和国文化部
2016 年 12 月 2 日

第一条 为切实加强网络表演经营活动管理，规范网络表演市场秩序，促进行业健康有序发展，根据《互联网信息服务管理办法》、《互联网文化管理暂行规定》等有关法律法规，制定本办法。

第二条 本办法所称网络表演是指以现场进行的文艺表演活动等为主要内容，通过互联网、移动通讯网、移动互联网等信息网络，实时传播或者以音视频形式上载传播而形成的互联网文化产品。

网络表演经营活动是指通过用户收费、电子商务、广告、赞助等方式获取利益，向公众提供网络表演产品及服务的行为。

将网络游戏技法展示或解说的内容，通过互联网、移动通讯网、移动互联网等信息网络，实时传播或者以音视频形式上载传播的经营活动，参照本办法进行管理。

第三条 从事网络表演经营活动，应当遵守宪法和有关法律法规，坚持为人民服务、为社会主义服务的方向，坚持社会主义先进文化的前进方向，自觉弘扬社会主义核心价值观。

第四条 从事网络表演经营活动的网络表演经营单位，应当根据《互联网文化管理暂行规定》，向省级文化行政部门申请取得《网络文化经营许可证》，许可证的经营范围应当明确包括网络表演。网络表演经营单位应当在其网站主页的显著位置标明《网络文化经营许可证》编号。

第五条 网络表演经营单位对本单位开展的网络表演经营活动承担主体责任，应当按照《互联网文化管理暂行规定》和《网络文化经营单位内容自审管理办法》的有关要求，建立健全内容审核管理制度，配备满足自审需要并取得相应资质的审核人员，建立适应内容管理需要的技术监管措施。

不具备内容自审及实时监管能力的网络表演经营单位，不得开通表演频道。未采取监管措施或未通过内容自审的网络表演产品，不得向公众提供。

第六条 网络表演不得含有以下内容：

（一）含有《互联网文化管理暂行规定》第十六条规定的禁止内容的；

（二）表演方式恐怖、残忍、暴力、低俗，摧残表演者身心健康的；

（三）利用人体缺陷或者以展示人体变异等方式招徕用户的；

（四）以偷拍偷录等方式，侵害他人合法权益的；

（五）以虐待动物等方式进行表演的；

（六）使用未取得文化行政部门内容审查批准文号或备案编号的网络游戏产品，进行网络游戏技法展示或解说的。

第七条 网络表演经营单位应当加强对未成年人的保护，不得损害未成年人身心健康。有未成年人参与的网络表演，不得侵犯未成年人权益。

第八条 网络表演经营单位要加强对表演者的管理。为表演者开通表演频道的，应与表演者签订协议，约定双方权利义务，要求其承诺遵守法律法规和相关管理规定。

第九条 网络表演经营单位应当要求表演者使用有效身份证件进行实名注册，并采取面谈、录制通话视频等有效方式进行核实。网络表演经营单位应当依法保护表演者的身份信息。

第十条 网络表演经营单位为外国或者香港特别行政区、澳门特别行政区、台湾地区的表演者（以下简称境外表演者）开通表演频道并向公众提供网络表演产品的，应当于开通网络表演频道前，向文化部提出申请。未经批准，不得为境外表演者开通表演频道。为境内表演者开通表演频道的，应当于表演者开展表演活动之日起10日内，将表演频道信息向文化部备案。

第十一条　网络表演经营单位应当在表演频道内及表演音视频上，标注经营单位标识等信息。网络表演经营单位应当根据表演者信用等级、所提供的表演内容类型等，对表演频道采取针对性管理措施。

第十二条　网络表演经营单位应当完善用户注册系统，保存用户注册信息，积极采取措施保护用户信息安全。要依照法律法规规定或者服务协议，加强对用户行为的监督和约束，发现用户发布违法信息的，应当立即停止为其提供服务，保存有关记录并向有关部门报告。

第十三条　网络表演经营单位应当建立内部巡查监督管理制度，对网络表演进行实时监管。网络表演经营单位应当记录全部网络表演视频资料并妥善保存，资料保存时间不得少于60日，并在有关部门依法查询时予以提供。

网络表演经营单位向公众提供的非实时的网络表演音视频（包括用户上传的），应当严格实行先自审后上线。

第十四条　网络表演经营单位应当建立突发事件应急处置机制。发现本单位所提供的网络表演含有违法违规内容时，应当立即停止提供服务，保存有关记录，并立即向本单位注册地或者实际经营地省级文化行政部门或文化市场综合执法机构报告。

第十五条　网络表演经营单位应当在每季度第一个月月底前将本单位上季度的自审信息（包括实时监运情况、发现问题处置情况和提供违法违规内容的表演者信息等）报送文化部。

第十六条　网络表演经营单位应当建立健全举报系统，主动接受网民和社会监督。要配备专职人员负责举报受理，建立有效处理举报问题的内部联动机制。要在其网站主页及表演者表演频道页面的显著位置，设置"12318"全国文化市场举报网站链接按钮。

第十七条　文化部负责全国网络表演市场的监督管理，建立统一的网络表演警示名单、黑名单等信用监管制度，制定并发布网络表演审核工作指引等标准规范，组织实施全国网络表演市场随机抽查工作，对网络表演内容合法性进行最终认定。

第十八条　各级文化行政部门和文化市场综合执法机构要加强对网络表演市场的事中事后监管，重点实施"双随机一公开"。要充分利用网络文化市场执法协作机制，加强对辖区内网络表演经营单位的指导、服务和日常监管，制定随机抽查工作实施方案和随机抽查事项清单。县级以上文化行政部门或文化市场综合执法机构，根据查处情况，实施警示名单和黑名单等信用管理制度。及时公布查处结果，主动接受社会监督。

第十九条　网络表演行业的协会、自律组织等要主动加强行业自律，制定行业标准和经营规范，开展行业培训，推动企业守法经营。

第二十条　网络表演经营单位违反本办法第四条有关规定，从事网络表演经营活动未申请许可证的，由县级以上文化行政部门或者文化市场综合执法机构按照《互联网文化管理暂行规定》第二十一条予以查处；未按照许可证业务范围从事网络表演活动的，按照《互联网文化管理暂行规定》第二十四条予以查处。

第二十一条　网络表演经营单位提供的表演内容违反本办法第六条有关规定的，由县级以上文化行政部门或者文化市场综合执法机构按照《互联网文化管理暂行规定》第二十八条予以查处。

第二十二条　网络表演经营单位违反本办法第十条有关规定，为未经批准的表演者开通表演频道的，由县级以上文化行政部门或者文化市场综合执法机构按照《互联网文化管理暂行规定》第二十八条予以查处；逾期未备案的，按照《互联网文化管理暂行规定》第二十七条予以查处。

网络表演经营单位自 2017 年 3 月 15 日起，按照本办法第十条有关规定，通过全国文化市场技术监管与服务平台向文化部提交申请或备案。

第二十三条　网络表演经营单位违反本办法第十三条有关规定，未按规定保存网络表演视频资料的，按照《互联网文化管理暂行规定》第三十一条予以查处。

第二十四条　网络表演经营单位违反本办法第十四条有关规定的，由县级以上文化行政部门或者文化市场综合执法机构按照《互联网文化管理暂行规定》第三十条予以查处。

第二十五条　网络表演经营单位违反本办法第五条、第八条、第九条、第十一条、第十二条、第十三条、第十五条有关规定，未能完全履行自审责任的，由县级以上文化行政部门或者文化市场综合执法机构按照《互联网文化管理暂行规定》第二十九条予以查处。

第二十六条　通过信息网络实时在线传播营业性演出活动的，应当遵守《互联网文化管理暂行规定》、《营业性演出管理条例》及《营业性演出管理条例实施细则》的有关规定。

第二十七条　本办法自 2017 年 1 月 1 日起施行。

文化部关于规范营业性演出票务市场经营秩序的通知

文市发〔2017〕15号

各省、自治区、直辖市文化厅（局），新疆生产建设兵团文化广播电视局，西藏自治区、北京市、天津市、上海市、重庆市文化市场（综合）行政执法总队：

近年来，随着演出市场进一步繁荣，互联网技术加快普及应用，演出票务经营模式更加多样、渠道手段更加便捷，有效促进了演出市场消费和行业发展。同时也要看到，囤票捂票炒票、虚假宣传、交易不透明等违法违规演出票务经营行为仍时有发生，严重损害了消费者权益，扰乱了演出市场正常秩序。为规范营业性演出票务市场，促进行业健康有序发展，现就有关事项通知如下。

一、严格资质管理，强化演出经营单位主体责任

（一）从事营业性演出票务经营活动的单位，应当依照《营业性演出管理条例》及其实施细则关于演出经纪机构的有关规定，按照《文化部关于加强演出市场有关问题管理的通知》（文市发〔2011〕56号）有关要求，向文化行政部门申请取得营业性演出许可证。利用信息网络从事营业性演出票务经营活动的互联网平台企业属于演出票务经营单位，应当按上述规定办理营业性演出许可证。文化行政部门向演出票务经营单位颁发营业性演出许可证时，应当在经营范围中载明"演出票务"。

（二）演出举办单位除自行经营演出票务外，应当委托具有资质的演出票务经营单位经营本单位营业性演出门票。演出票务经营单位经营营业性演出门票，应当取得演出举办单位授权。取得授权

的演出票务经营单位,可以委托其他具有演出票务经营资质的机构代售演出门票。未经委托或授权,演出票务经营单位不得经营营业性演出门票。举办大型演唱会的,应当按照公安部门的要求,在提交大型群众性活动申请时,向公安部门一并提交演出票务销售方案。文化行政部门应当联合公安部门督促演出举办单位按照票务销售方案进行售票。

(三)为营业性演出票务经营活动提供宣传推广、信息发布等服务的互联网平台企业,应当核验在其平台上从事营业性演出票务经营活动的票务经营单位资质及相关营业性演出的批准文件,不得为未取得营业性演出许可证的经营主体提供服务,不得为未取得营业性演出批准文件的营业性演出票务经营提供服务,不得为机构和个人倒卖门票、买卖演出工作票或者赠票提供服务。

二、规范经营活动,保障消费者合法权益

(四)演出票务经营单位预售或者销售演出门票前,应当核验演出举办单位的营业性演出批准文件,不得预售或销售未取得营业性演出批准文件的演出门票。演出举办单位、演出票务经营单位应当按规定明码标价,不得在标价之外加价销售,不得捂票囤票炒票,不得对演出内容和票务销售情况进行虚假宣传。

(五)演出举办单位、演出票务经营单位面向市场公开销售的营业性演出门票数量,不得低于公安部门核准观众数量的70%。经公安部门批准,全场可售门票数量确需调整的,应当及时明示相应区域并予以说明。

(六)演出举办单位、演出票务经营单位在销售演出门票时,应当明示演出最低时长、文艺表演团体或者主要演员信息,涉及举办演唱会的,还应当明示主要演员或团体及相应最低曲目数量;应当公布全场可售门票总张数、不同座位区域票价,实时公示已售、待售区域,保障消费者知情权和监督权,促进公平交易。演出举办单位或演出票务经营单位应当留存演出门票销售记录(包括销售时间、购买账号等信息）及相关合同 6 个月备查。

三、加强重点演出监管，维护市场正常经营秩序

（七）文化行政部门要将社会关注度高、票务供需紧张的营业性演出作为重点监管对象，提前进行研判，对有炒票等潜在问题的，及时采取相应措施，防止问题发生。发现在票务经营中有违规苗头或可能造成不良影响的，应当及时约谈演出举办单位和演出票务经营单位，督促整改；对拒不整改的，要及时依法处置，并视情将演出举办单位或演出票务经营单位列入文化市场警示名单或黑名单予以信用警示或惩戒。

（八）鼓励各地探索对重点营业性演出门票销售实行实名制管理。支持有条件的地区建设演出票务管理平台，与演出票务经营单位的票务系统进行对接，实施实时在线监管。支持行业协会发出行业倡议，共同抵制高票价、豪华消费等行为。加强舆论正面引导，对虚抬票价、恶意炒作的行为予以揭露。

四、加大执法处罚，严厉打击违法违规经营活动

（九）各级文化市场综合执法机构要加强对违法违规演出票务经营活动的执法力度。对擅自从事营业性演出票务代理、预售、销售业务的，依照《营业性演出管理条例》第四十三条的规定给予处罚；对预售、销售未经批准的营业性演出门票，或者未经演出举办单位授权，擅自预售、销售营业性演出门票的，依照《营业性演出管理条例实施细则》第五十五条的规定给予处罚；对不明示信息、不落实平台责任的，应当依照《营业性演出管理条例实施细则》第二十八条第（四）项、第（七）项、第五十四条的规定给予处罚。

（十）各级文化市场综合执法机构要加强与相关部门的执法协作，有条件的地方可建立由文化部门牵头，公安、物价、工商等部门参加的演出票务执法协作机制。对有捂票囤票、炒作票价、虚假宣传、倒票等违规行为的演出举办单位或演出票务经营单位，文化

市场综合执法机构应当及时将有关信息抄告当地公安、工商等部门，配合有关部门依法处置。

地方文化行政部门可以根据本通知精神，结合地方实际制定营业性演出票务市场管理的具体办法。

特此通知。

文化部
2017 年 7 月 6 日

通用航空经营许可管理规定

中华人民共和国交通运输部令

2016年第31号

《通用航空经营许可管理规定》已于2016年3月24日经第6次部务会议通过,现予公布,自2016年6月1日起施行。

交通运输部部长
2016年4月7日

第一章 总 则

第一条 为了规范对通用航空的行业管理,促进通用航空安全、有序、健康发展,根据《中华人民共和国民用航空法》《中华人民共和国行政许可法》和国家有关法律、行政法规,制定本规定。

第二条 本规定适用于中华人民共和国境内(港澳台地区除外)从事经营性通用航空活动的通用航空企业的经营许可及相应的监督管理。

第三条 从事通用航空经营活动,应当取得通用航空经营许可。

取得通用航空经营许可的企业，应当遵守国家法律、行政法规和规章的规定，在批准的经营范围内依法开展经营活动。

第四条 中国民用航空局（以下简称民航局）对通用航空经营许可及相应监督管理工作实施统一管理。中国民用航空地区管理局（以下简称民航地区管理局）负责实施辖区内的通用航空经营许可管理工作。

第五条 实施通用航空经营许可管理遵循下列基本原则：

（一）促进通用航空事业发展，维护社会公共利益，保护消费者合法权益；

（二）符合通用航空发展政策；

（三）符合科学规划、市场引导、协调发展的要求；

（四）保障飞行及作业安全。

第六条 开展以下经营项目的企业应当取得通用航空经营许可：

（一）甲类 通用航包机飞行、石油服务、直升机引航、医疗救护、商用驾驶员执照培训；

（二）乙类 空中游览、直升机机外载荷飞行、人工降水、航空探矿、航空摄影、海洋监测、渔业飞行、城市消防、空中巡查、电力作业、航空器代管、跳伞飞行服务；

（三）丙类 私用驾驶员执照培训、航空护林、航空喷洒（撒）、空中拍照、空中广告、科学实验、气象探测；

（四）丁类 使用具有标准适航证的载人自由气球、飞艇开展空中游览；使用具有特殊适航证的航空器开展航空表演飞行、个人娱乐飞行、运动驾驶员执照培训、航空喷洒（撒）、电力作业等经营项目。

其他需经许可的经营项目，由民航局确定。

抢险救灾不受上述项目的划分限制，按照民航局的有关规定执行。

第七条 民航局、民航地区管理局对从事经营性通用航空保障业务的企业实施监督管理。

第二章　经营许可条件和程序

第八条　取得通用航空经营许可，应当具备下列基本条件：

（一）从事通用航空经营活动的主体应当为企业法人，主营业务为通用航空经营项目；企业的法定代表人为中国籍公民；

（二）企业名称应当体现通用航空行业和经营特点；

（三）购买或租赁不少于两架民用航空器，航空器应当在中华人民共和国登记，符合适航标准；

（四）有与民用航空器相适应，经过专业训练，取得相应执照或训练合格证的航空人员；

（五）设立经营、运行及安全管理机构并配备与经营项目相适应的专业人员；

（六）企业高级管理人员应当完成通用航空法规标准培训，主管飞行、作业质量的负责人还应当在最近六年内具有累计三年以上相关专业领域工作经验；

（七）有满足民用航空器运行要求的基地机场（起降场地）及相应的基础设施；

（八）有符合相关法律、法规和标准要求，经检测合格的作业设施、设备；

（九）具备充分的赔偿责任承担能力，按规定投保地面第三人责任险等保险；

（十）民航局认为必要的其他条件。

第九条　具有下列情形之一的，民航地区管理局不予受理通用航空经营许可申请：

（一）不符合本规定第五条的；

（二）申请人因隐瞒有关情况或者提供虚假材料不予受理或者不予许可，一年内再次申请的；

（三）申请人因使用欺骗、贿赂等不正当手段被撤销通用航空经营许可证后，三年内再次申请的；

（四）申请人收到不予许可决定后，基于同样事实和材料再次提出经营许可申请的；

（五）法律、法规规定的不予受理的其他情形。

第十条 申请人应当向企业住所地民航地区管理局提出通用航空经营许可的申请，按规定的格式提交以下申请材料并确保其真实、完整、有效：

（一）通用航空经营许可申请书；

（二）企业章程；

（三）法定代表人以及经营负责人、主管飞行和作业技术质量负责人的任职文件、资历表、身份证明、无犯罪记录声明；公司董事、监事、经理的委派、选举或者聘用的证明文件；

（四）航空器购租合同，航空器的所有权、占有权证明文件；

（五）民用航空器国籍登记证、适航证以及按照民航规章要求装配的机载无线电台的执照；

（六）航空器喷涂方案批准文件以及喷涂后的航空器照片；

（七）航空人员执照以及与申请人签订的有效劳动合同；

（八）基地机场的使用许可证或者起降场地的技术说明文件；基地机场为非自有机场的，还应提供与机场管理方签署的服务保障协议；

（九）具备充分赔偿责任承担能力的证明材料，包括地面第三人责任险的投保文件等；

（十）企业经营管理手册；

（十一）企业及法定代表人（负责人）的通讯地址、联系方式，企业办公场所所有权或使用权证明材料；

（十二）有外商投资的，申请人应当按国家及民航外商投资有关规定提交外商投资项目核准或备案文件、外商投资企业批准证书；

（十三）申请材料全部真实、有效的声明文件。

第十一条　有下列情形之一的人员，不得担任通用航空企业法定代表人（负责人）：

（一）未履行《安全生产法》规定的安全生产管理职责，导致发生生产安全事故，受刑事处罚或者撤职处分，执行期满未逾五年的；

（二）因贪污、贿赂、侵占财产、挪用财产或者破坏社会主义市场经济秩序，被判处刑罚，执行期满未逾五年的；

（三）担任因违法被吊销营业执照、责令关闭的公司、企业的法定代表人，并负有个人责任的，自该公司、企业被吊销营业执照之日起未逾三年的；

（四）法律、法规规定不得担任企业法定代表人（负责人）的其他情形。

对重大、特别重大生产安全事故负有责任的，终身不得担任通用航空企业法定代表人（负责人）。

第十二条　民航地区管理局应当自受理之日起二十日内作出是否准予许可的决定。二十日内不能作出决定的，经民航地区管理局负责人批准，可以延长十日，并应当将延长期限的理由告知申请人。准予许可的，应当自作出决定之日起十日内向申请人颁发通用航空经营许可证（以下简称经营许可证）；不予许可的，应当自作出决定之日起十日内书面通知申请人，说明理由，并告知申请人享有依法申请行政复议或者提起行政诉讼的权利。

民航地区管理局应当将颁发经营许可证的相关审核材料报送民航局备案，民航局定期公告通用航空经营许可情况。

第十三条　通用航空经营许可证应当载明：

（一）许可证编号；

（二）企业名称；

（三）企业住所；

（四）基地机场（起降场地）；

（五）企业类型；

（六）法定代表人；

（七）经营范围；

（八）有效期限；

（九）颁发日期；

（十）许可机关印章。

第十四条 取得经营许可证的申请人，应当按照民航规章的规定完成运行合格审定。

第三章 经营许可证的管理

第十五条 通用航空经营许可证所载的事项需变更的，通用航空经营许可证持有人（以下简称许可证持有人）应当自变更事项发生之日起十五日内向住所地民航地区管理局提出变更申请。

第十六条 通用航空经营许可证有效期限为三年。

许可证持有人应当于经营许可证有效期届满三十日前，以书面形式向民航地区管理局提出换证申请，并提交相关申请材料。

民航地区管理局接到申请材料后，应当自受理之日起二十日内作出是否准予换证的决定。准予换证的，应当自作出决定之日起十日内向申请人颁发新的经营许可证，许可证持有人领取新的经营许可证时，应当交回原经营许可证；不符合条件的，应当自作出决定之日起十日内书面通知申请人、说明理由，告知申请人享有依法申请行政复议或者提起行政诉讼的权利。

第十七条 民航地区管理局应当将经营许可证的变更、换发、注销等情形的相关审核材料及时报民航局备案，民航局定期公告。

第十八条 经营许可证不得涂改、出借、买卖或者转让。

发生遗失、损毁、灭失等情况的，许可证持有人应当自发生之日起十五日内向住所地民航地区管理局申请补发，并在相关媒体发布公告。

第四章 监督检查

第十九条 许可证持有人开展经营活动时,应当履行下列义务:

(一)遵守国家法律法规和规章的要求,采取有效措施确保飞行安全;

(二)持续符合经营许可条件;

(三)在经营许可证载明的经营范围内进行经营活动;

(四)《企业经营管理手册》内容应当涵盖其全部经营项目,并根据法律、法规、规章和标准的要求及时予以修订,持续符合民航局、民航地区管理局行业管理要求;

(五)开展经营活动前,应当将经营活动信息向所在地民航地区管理局备案;跨地区开展经营活动前还应当将经营活动信息向活动所在地区的民航地区管理局备案,并接受监督管理;

(六)履行飞行活动的申报手续,在规定的空域内活动;

(七)按照国家标准和民航行业标准开展作业与服务;

(八)采取符合规定的环境保护措施;

(九)向民航局和民航地区管理局及时、真实、完整地报送安全生产经营情况、行业统计数据以及申领民航财政补贴所需信息;

(十)向民航局和民航地区管理局及时报备对企业运营产生重大影响的相关信息,如股权结构变更、机队构成调整等;

(十一)公布服务合同样本及价格,明确与通用航空用户、机上乘客的权利义务关系;

(十二)确保持续具备赔偿责任承担能力,确保开展经营活动期间所投保的地面第三人责任险等强制保险足额、有效,鼓励投保航空器机身险、机上人员险等补充险种;

(十三)按照国家及民航有关规定,对参与飞行活动的人员进行有效的监督管理,并登记、保留相关人员资料;

（十四）未经监护人同意，不得允许未成年人参加飞行活动；

（十五）民航局规定的其他要求。

第二十条 许可证持有人拟设立分公司开展通用航空经营活动的，应当及时向住所地以及分公司所在地民航地区管理局备案。

第二十一条 许可证持有人办理分公司备案应当提交如下材料：

（一）分公司情况说明，包括航空器、航空人员等情况，分公司运营管理、安全管理等组织机构设立情况等；

（二）分公司负责人的书面任职文件、资质和身份证明；

（三）基地机场的使用许可证或者起降场地的技术说明文件。基地机场为非自有机场的，还应当提供与机场管理方签署的服务保障协议；

（四）已纳入分公司相关内容的《企业经营管理手册》；

（五）分公司及负责人的通讯地址和联系方式；

（六）民航局规定的其他资料。

第二十二条 许可证持有人应当按照有关规定完成国家下达的抢险救灾任务。

第二十三条 民航局建立健全通用航空经营许可及相应监督管理工作的监督检查制度，及时纠正通用航空经营许可和相应监督管理过程中的违法行为。

第二十四条 有下列情形之一的，民航局、民航地区管理局依法撤销已作出的行政许可决定：

（一）工作人员滥用职权、玩忽职守，违规审核通用航空经营许可申请的；

（二）超越法定职权颁发通用航空经营许可证的；

（三）违反法定程序颁发通用航空经营许可证的；

（四）向不具备申请资格或者不符合规定条件的申请人颁发通用航空经营许可证的；

（五）申请人以欺骗、贿赂等不正当手段取得通用航空经营许可证的；

（六）依法可以撤销通用航空经营许可的其他情形。

第二十五条　民航地区管理局建立健全本地区通用航空经营活动的监督检查制度，对本辖区内的通用航空经营活动实施监督检查，依法查处违法开展的通用航空经营活动。

对跨地区违法开展经营活动的许可证持有人，违法事实发生地民航地区管理局进行查处后，应当将违法事实、处理结果抄告其住所地民航地区管理局。

第二十六条　民航地区管理局应当每年组织不少于一次的对本地区许可证持有人的生产经营情况和生产经营场所的年度检查，并向其出具年度检查意见。检查过程中，民航地区管理局有权依法查阅或者要求许可证持有人提供有关材料。

民航地区管理局应当对其他地区许可证持有人在本地区设立的分公司进行年度检查，向其出具年度检查意见并抄送许可证持有人住所地民航地区管理局。许可证持有人住所地民航地区管理局汇总后形成对相关许可证持有人的年检结论。

第二十七条　许可证持有人应当配合民航局、民航地区管理局执法人员的监督检查，如实、完整地提供有关情况和材料，不得隐瞒或者提供虚假信息。

第二十八条　依据年度检查意见，许可证持有人需进行整改的，民航地区管理局应责令其限期改正或者依法采取有效措施督促其改正。

需要整改的，许可证持有人应当在年度检查意见所规定的期限内完成整改工作，并在完成整改工作后十日内向民航地区管理局书面反馈整改情况。

第二十九条　许可证持有人的年度检查结论分为合格、不合格两类。

民航地区管理局应当将年度检查结论书面告知被检查人，同时报民航局备案。民航局汇总后定期公告许可证持有人的年度检查情况。

第三十条　许可证持有人在年检周期内未发生违法违规行为，能够履行本规定设定义务的，其年检结论为合格。

第三十一条　有以下情形之一的，许可证持有人的年检结论为不合格：

（一）有违反本规定行为，情节严重，且对安全运行、市场秩序等产生重大影响的；

（二）拒不接受年检或故意隐瞒、提供虚假情况的；

（三）未能在期限内完成整改或整改期限需超过一年的。

第三十二条　对年度检查结论为不合格的经营许可证持有人，民航局暂停其享受当年民航财政补贴和其他扶持政策的资格。

第三十三条　许可证持有人有下列情形之一的，民航地区管理局应不予办理换证：

（一）许可证逾期后提交换证申请的；

（二）连续三年的年度检查结论均为不合格的；

（三）许可证有效期内不能持续符合经营许可条件的。

第三十四条　许可证持有人有下列情形之一的，民航地区管理局应当依法办理经营许可证的注销手续：

（一）经营许可证有效期届满未换证的；

（二）法定代表人死亡或者丧失行为能力，未申请变更的；

（三）因破产、解散等原因被终止法人资格的；

（四）经营许可证依法被撤销或吊销的；

（五）经营许可证所载明的经营项目均被撤回的；

（六）自行申请注销的；

（七）法律、法规规定的应当注销的其他情形。

第三十五条　任何组织或个人有权向民航局、民航地区管理局举报违法开展的通用航空经营活动；民航局、民航地区管理局应当依法予以核实、处理。

第五章　法律责任

第三十六条　违反本规定第三条第一款，未取得通用航空经营许可证擅自从事通用航空经营活动或经营许可证失效后仍从事通用航空经营活动的，民航局或民航地区管理局责令其停止违法活动，没收违法所得，并处二万元以下的罚款；规模较大，社会危害严重的，并处二万元以上二十万元以下的罚款；存在重大安全隐患、威胁公共安全，没收其用于从事无照经营活动的工具、设备等财物，并处五万元以上五十万元以下的罚款。

第三十七条　违反本规定第三条第二款、第十九条第（三）款，超出经营许可证载明的经营范围从事通用航空经营活动的，民航局或民航地区管理局责令该许可证持有人停止违法活动，没收其违法所得，并处二万元以下的罚款；规模较大，社会危害严重的，并处二万元以上二十万元以下罚款；存在重大安全隐患、威胁公共安全的，吊销经营许可证，没收其用于从事无照经营活动的工具、设备等财物，并处五万元以上五十万元以下的罚款，通报工商行政管理部门。

第三十八条　申请人隐瞒有关情况或者提供虚假材料申请经营许可的，民航地区管理局不予受理或者不予许可，并给予警告。

申请人以欺骗、贿赂等不正当手段取得经营许可的，由民航地区管理局撤销该经营许可，并处三万元以下的罚款。

第三十九条　违反本规定第十五条第一款，许可证持有人未按规定及时办理经营许可证变更手续的，由民航局或民航地区管理局给予警告，并处一万元以下的罚款。

第四十条　违反本规定第十八条，许可证持有人涂改、出借、买卖、转让经营许可证的，由民航局或民航地区管理局责令整改，并处一万元以下的罚款；有违法所得的，处违法所得一倍以上三倍以下但不超过三万元的罚款。

第四十一条 违反本规定第十九条第（八）或（十二）款，作业飞行未保护环境的，或者未按规定投保地面第三人责任险或取得相应责任担保的，由民航局或民航地区管理局责令整改，并处一万元以下的罚款；情节严重的，责处一万至三万元的罚款；情节特别严重的，吊销经营许可证，并处三万元的罚款，通报工商行政管理部门。

第四十二条 违反本规定第二十条，许可证持有人未按规定办理分公司备案的，由民航局或民航地区管理局责令整改，并处一万元以下的罚款；情节严重的，处一万元以上三万元以下的罚款。

第四十三条 违反本规定第二十七条，拒绝接受民航局、民航地区管理局监督检查，或故意隐瞒、提供虚假情况的，由民航局或民航地区管理局责令整改，并处三万元以下罚款。

第四十四条 许可证持有人不再具备安全生产条件的，民航局或民航地区管理局应及时撤销该许可证持有人的经营许可证，通报工商行政管理部门。构成犯罪的，依法追究刑事责任。

第六章 附 则

第四十五条 外商投资从事经营性通用航空活动的，除适用本规定外，还应当符合相关规定。

境外通用航空企业在中华人民共和国境内开展经营活动的管理办法，由民航局另行规定。

使用民用无人驾驶航空器进行经营性通用航空活动的管理办法，由民航局另行规定。

第四十六条 本规定自2016年6月1日起施行。民航总局2007年2月14日发布的《通用航空经营许可管理规定》（中国民用航空总局令第176号）同时废止。

旅游信息服务管理

旅游经营服务不良信息管理办法（试行）

国家旅游局办公室关于印发《旅游经营服务
不良信息管理办法（试行）》的通知
旅办发〔2015〕181号

各省、自治区、直辖市旅游委、局，新疆生产建设兵团旅游局：

为贯彻落实国务院关于社会信用体系建设总体部署和2015年全国旅游工作会议精神，规范旅游市场秩序，加大违法失信行为的惩处力度，建立旅游经营服务不良信息公示制度，我局制定了《旅游经营服务不良信息管理办法（试行）》（以下简称《办法》）。现予以印发，请结合工作实际认真贯彻实施。

一、充分认识《办法》在推进旅游诚信建设中的重要意义

近年来，党中央、国务院积极部署社会信用体系建设，《社会信用体系建设规划纲要（2014—2020）》、《国务院关于促进旅游业改革发展的若干意见》对开展旅游诚

信建设工作提出了具体要求。《旅游法》第六条、第一百零八条对旅游经营者和从业人员应当诚信经营做出了规定。全国旅游工作会议对"严厉打击旅游失信行为"也做出了明确要求。《办法》进一步细化了相关法律法规和会议精神对推进旅游诚信建设的规定和要求，增强了工作的针对性和操作性。各级旅游主管部门要充分认识《办法》的重要意义，积极组织学习宣传，将其作为贯彻全国旅游工作会议精神、推进旅游诚信建设的重要内容进行落实。

二、认真做好不良信息的管理工作，发挥《办法》在规范旅游市场秩序中的重要作用

当前旅游市场秩序失范，侵害旅游者权益的违法失信行为频发，本《办法》通过公示惩戒方式，打击旅游失信行为，形成倒逼机制，规范旅游市场秩序。各级旅游主管部门要按照《办法》规定，认真组织实施，建立健全实施细则和配套措施。积极协调相关部门，畅通信息采集渠道。做好不良信息的填报、公示及相关管理工作，有效规范旅游市场秩序。

三、积极引导旅游经营者和从业人员诚信服务

各级旅游主管部门要注重将惩戒约束和教育引导相结合，通过《办法》的实施、宣传，引导旅游经营者和从业人员自觉遵守法律规定与市场规则，规范经营行为、履约行为、服务行为，推动全行业以诚取信、以信取胜，促进旅游业健康长远发展。

各级旅游主管部门在宣传、贯彻和实施《办法》的过程中发现问题，请及时反馈至国家旅游局。

国家旅游局办公室
2015年7月17日

第一条 为进一步规范旅游市场秩序，推进旅游诚信建设，增强全社会监督合力，约束违法失信行为，促进旅游业持续健康稳定发展，依据《中华人民共和国旅游法》、《旅行社条例》及实施细则、《企业信息公示暂行条例》及相关法律法规，制定本办法。

第二条 旅游经营服务不良信息包括旅行社、景区以及为旅游者提供交通、住宿、餐饮、购物、娱乐等服务的经营者及其从业人员在经营服务过程中产生的不良信息。

第三条 地方各级旅游主管部门负责本行政区域旅游经营服务不良信息管理工作，国家旅游局负责全国旅游经营服务不良信息管理工作。

各级旅游主管部门应当按照本办法的要求管理旅游经营服务不良信息，接受社会监督。

鼓励公民、法人或者其他组织向旅游主管部门举报、提供旅游经营服务不良信息线索。

第四条 各级旅游主管部门应指定专门人员负责旅游经营服务不良信息采集、公示等管理工作。

第五条 旅游经营服务不良信息应当按照依法公开、客观及时、公平公正的原则予以公布。

第六条 具有下列不良信息之一的，应当依本办法公开：

（一）旅游经营者和旅游从业人员因侵害旅游者合法权益受到行政机关罚款以上处罚的；

（二）旅游经营者发生重大安全事故，属于旅游经营者主要责任的；

（三）旅游经营者和旅游从业人员因侵权、违约行为损害旅游者合法权益，被人民法院判决承担全部或者主要民事责任，或拒不执行法院判决的；

（四）旅游经营企业主要负责人和旅游从业人员因侵害旅游者合法权益，被人民法院判处刑罚的；

（五）旅游从业人员在执业过程中，因扰乱公共交通工具秩序、

损坏公共设施、破坏旅游目的地文物古迹、违反旅游目的地社会风俗等行为,受到行政处罚或法院判决承担责任的;

(六)旅游经营者和旅游从业人员侵害旅游者合法权益,造成严重社会不良影响的;

(七)旅游经营者和旅游从业人员违反法律法规的其他情形。

第七条 旅游经营服务不良信息公布的事项包括所涉及的旅游经营者或从业人员的名称(姓名)、许可证号(执业证号)、营业地址、法定代表人、违法违规或事故等事由、行政处罚决定和投诉处理结果、信息公布起止日期等内容。

第八条 县级以上旅游主管部门可以通过政府信息公开、旅游违法行为查处信息共享机制、中国裁判文书网等渠道采集不良信息,并对所采集信息的真实性进行确认。

第九条 县级以上旅游主管部门在政务网站或社会媒体上公告旅游经营服务不良信息。

省级旅游主管部门应当在政务网站公开旅游经营服务不良信息。

国家旅游局在"中国旅游诚信网"公开旅游经营服务不良信息。

第十条 地方各级旅游主管部门负责采集的旅游经营服务不良信息,应当在获取信息后5个工作日内予以公布,并通过"中国旅游诚信网"的工作平台填报相关信息。

第十一条 旅游经营服务不良信息所对应的决定或者行为经法定程序撤销、变更的,省级以上旅游主管部门应在"中国旅游诚信网"的工作平台删除、修改该不良信息。

第十二条 各级旅游主管部门应当按照管理权限和属地管理原则建立以旅游经营服务不良信息为基础的旅游经营服务信用档案。

第十三条 公布的旅游经营服务不良信息,除法律、法规另有规定的,公示期限为两年。

公示期限届满,旅游经营服务不良信息转入旅游经营服务信用档案,直接利害关系人可以向县级以上旅游主管部门申请查询旅游经营服务信用档案。

第十四条 县级以上旅游主管部门应对有不良信息的旅游经营者和旅游从业人员的整改情况进行检查，同时将整改结果列于相应的不良信息后，供社会监督。

第十五条 对具有旅游经营服务不良信息的旅游经营者和旅游从业人员，旅游主管部门应当采取检查、暗访、责令整改等措施，实施有效监管。

第十六条 各级旅游主管部门审核行政许可申请、旅游经营业务申请或者其他与旅游活动相关的申请时，应当查阅申请人是否在旅游经营服务不良信息名单中。

第十七条 旅游经营者和从业人员对旅游经营服务不良信息的认定有异议的，可以向做出认定的旅游主管部门提交异议申请，并提供有关证明材料。旅游主管部门自收到异议申请之日起十五个工作日内，向异议申请人做出答复。旅游主管部门经审查认为异议成立的，应当通过"中国旅游诚信网"的工作平台予以纠正。

异议处理期间，不影响旅游经营服务不良信息的公示和管理。

第十八条 旅游行政管理人员在管理旅游经营服务不良信息中滥用职权、徇私舞弊、玩忽职守，造成不良后果的，按照有关规定对相关责任人员进行行政处分；情节严重的，依法追究法律责任。

第十九条 各省（区、市）旅游主管部门可以根据本办法，结合当地实际制定具体的实施细则。

第二十条 本办法所称"以上"，包括本数。

第二十一条 本办法自2015年7月17日起施行。

附件：

1. 旅游经营服务不良信息公示信息格式（之一）

（http：//www.cnta.gov.cn/zwgk/tzggnew/gztz/201507/W020150729326186797177.docx）

2. 旅游经营服务不良信息公示信息格式（之二）

（http：//www.cnta.gov.cn/zwgk/tzggnew/gztz/201507/W020150729326186791486.docx）

3. 旅游经营服务不良信息公示信息审批表

（http：//www.cnta.gov.cn/zwgk/tzggnew/gztz/201507/W020150729326186797198.docx）

国家旅游局关于规范旅行社经营行为维护游客合法权益的通知

旅发〔2017〕130号

各省、自治区、直辖市旅游发展委员会、旅游局：

近期，部分地区接连发生"旅行社收取游客出境游保证金不能按约退还、售卖旅游套餐不能履约、发行旅游单用途预付卡不能履约"等情况引发的旅游投诉和群体性事件，严重侵害游客合法权益，扰乱旅游市场秩序。为维护广大游客合法权益，防范市场风险，现就有关事项通知如下：

一、严控经营旅游套餐产品带来的市场风险

《旅游法》《旅行社条例》设立旅游服务质量保证金制度，明确旅行社缴纳一定数额质量保证金，用于旅行社造成游客预交旅游费用损失等情况下的赔偿。当前，部分旅行社捆绑销售两条线路（含）以上旅游套餐产品的行为，存在履约期限过长、游客预交费用数额过大等问题，极易产生资金风险，旅行社所缴纳的旅游服务质量保证金不足以赔偿可能造成的游客损失。为防范旅行社经营旅游套餐产品带来的市场风险，禁止旅行社一次性收取两条及两条以上旅游线路（即两个及以上包价旅游产品）的旅游费用。各地旅游主管部门要全面排查旅行社捆绑销售两条线路（含）以上的旅游套餐产品问题，防范旅行社资金链断裂、游客预付旅游费用损失等引发群体性事件。

二、严查收取出境游保证金中的违规行为

按照《国家旅游局关于规范出境游保证金有关事宜的通知》（旅发〔2015〕281号）要求，出境社收取出境游保证金，必须采取银行参与的资金托管方式，不得以现金或现金转账方式直接收取保证金，不得要求游客将出境游保证金直接存入旅行社的企业账户或其工作人员的个人账户，更不得将收取的出境游保证金挪作他用。各地旅游主管部门要对出境社收取出境游保证金的情况进行监督检查，规范出境游保证金的收取、托管行为。

三、严厉打击预付卡违规经营行为

各地旅游主管部门要按照中国人民银行等9部委联合印发的《关于开展联合整治预付卡违规经营专项行动的通知》（银发〔2017〕189号）要求，配合相关部门加强行业内单用途预付卡业务监管工作，采取有效措施，排查旅行社单用途预付卡发行及履约情况，严禁擅自将单用途预付卡转为多用途预付卡。

各地旅游主管部门发现旅行社存在上述三项违法违规行为的，应当责令其限期整改；发现旅行社存在非法集资、合同诈骗等违法行为的，要及时将相关情况和线索通报、移送金融主管部门及公安机关。

四、引导游客理性消费，共同防范市场风险

各地旅游主管部门要从践行"游客为本、服务至诚"的行业核心价值观出发，积极维护游客的合法权益，适时发布消费警示，提醒广大游客防范消费风险。加强对游客宣传引导，大力倡导理性消费，审慎选择旅游促销产品，抵制虚假游说诱惑，共同防范市场风险。

国家旅游局

2017年9月5日

艺术品经营管理办法

中华人民共和国文化部令

第 56 号

《艺术品经营管理办法》已经 2015 年 12 月 17 日文化部部务会议审议通过,现予发布。

文化部部长
二〇一六年一月十八日

第一章 总 则

第一条 为了加强对艺术品经营活动的管理,规范经营行为,繁荣艺术品市场,保护创作者、经营者、消费者的合法权益,制定本办法。

第二条 本办法所称艺术品,是指绘画作品、书法篆刻作品、雕塑雕刻作品、艺术摄影作品、装置艺术作品、工艺美术作品等及上述作品的有限复制品。本办法所称艺术品不包括文物。

本办法规范的艺术品经营活动包括:

(一)收购、销售、租赁;

（二）经纪；

（三）进出口经营；

（四）鉴定、评估、商业性展览等服务；

（五）以艺术品为标的物的投资经营活动及服务。

利用信息网络从事艺术品经营活动的适用本办法。

第三条 文化部负责制定艺术品经营管理政策，监督管理全国艺术品经营活动，建立艺术品市场信用监管体系。

省、自治区、直辖市人民政府文化行政部门负责艺术品进出口经营活动审批，建立专家委员会，为文化行政部门开展的内容审查、市场监管相关工作提供专业意见。

县级以上人民政府文化行政部门负责本行政区域内艺术品经营活动的日常监督管理工作，县级以上人民政府文化行政部门或者依法授权的文化市场综合执法机构对从事艺术品经营活动违反国家有关规定的行为实施处罚。

第四条 加强艺术品市场社会组织建设。鼓励和引导行业协会等社会组织制定行业标准，指导、监督会员依法开展经营活动，依照章程，加强行业自律，推动诚信建设，促进行业公平竞争。

第二章 经营规范

第五条 设立从事艺术品经营活动的经营单位，应当到其住所地县级以上人民政府工商行政管理部门申领营业执照，并在领取营业执照之日起15日内，到其住所地县级以上人民政府文化行政部门备案。

其他经营单位增设艺术品经营业务的，应当按前款办理备案手续。

第六条 禁止经营含有以下内容的艺术品：

（一）反对宪法确定的基本原则的；

（二）危害国家统一、主权和领土完整的；

（三）泄露国家秘密、危害国家安全或者损害国家荣誉和利益的；

（四）煽动民族仇恨、民族歧视，破坏民族团结，或者侵害民族风俗、习惯的；

（五）破坏国家宗教政策，宣扬邪教、迷信的；

（六）宣扬恐怖活动，散布谣言，扰乱社会秩序，破坏社会稳定的；

（七）宣扬淫秽、色情、赌博、暴力或者教唆犯罪的；

（八）侮辱或者诽谤他人，侵害他人合法权益的；

（九）违背社会公德或者民族优秀文化传统的；

（十）蓄意篡改历史、严重歪曲历史的；

（十一）有法律、法规和国家规定禁止的其他内容的。

第七条 禁止经营以下艺术品：

（一）走私、盗窃等来源不合法的艺术品；

（二）伪造、变造或者冒充他人名义的艺术品；

（三）除有合法手续、准许经营的以外，法律、法规禁止交易的动物、植物、矿物、金属、化石等为材质的艺术品；

（四）国家规定禁止交易的其他艺术品。

第八条 艺术品经营单位不得有以下经营行为：

（一）向消费者隐瞒艺术品来源，或者在艺术品说明中隐瞒重要事项，误导消费者的；

（二）伪造、变造艺术品来源证明、艺术品鉴定评估文件以及其他交易凭证的；

（三）以非法集资为目的或者以非法传销为手段进行经营的；

（四）未经批准，将艺术品权益拆分为均等份额公开发行，以集中竞价、做市商等集中交易方式进行交易的；

（五）法律、法规和国家规定禁止的其他经营行为。

第九条 艺术品经营单位应当遵守以下规定：

（一）对所经营的艺术品应当标明作者、年代、尺寸、材料、保存状况和销售价格等信息；

（二）保留交易有关的原始凭证、销售合同、台账、账簿等销售记录，法律、法规要求有明确期限的，按照法律、法规规定执行；法律、法规没有明确规定的，保存期不得少于5年。

第十条　艺术品经营单位应买受人要求，应当对买受人购买的艺术品进行尽职调查，提供以下证明材料之一：

（一）艺术品创作者本人认可或者出具的原创证明文件；

（二）第三方鉴定评估机构出具的证明文件；

（三）其他能够证明或者追溯艺术品来源的证明文件。

第十一条　艺术品经营单位从事艺术品鉴定、评估等服务，应当遵守以下规定：

（一）与委托人签订书面协议，约定鉴定、评估的事项，鉴定、评估的结论适用范围以及被委托人应当承担的责任；

（二）明示艺术品鉴定、评估程序或者需要告知、提示委托人的事项；

（三）书面出具鉴定、评估结论，鉴定、评估结论应当包括对委托艺术品的全面客观说明，鉴定、评估的程序，做出鉴定、评估结论的证据，鉴定、评估结论的责任说明，并对鉴定、评估结论的真实性负责；

（四）保留书面鉴定、评估结论副本及鉴定、评估人签字等档案不得少于5年。

第十二条　文化产权交易所和以艺术品为标的物的投资经营单位，非公开发行艺术品权益或者采取艺术品集中竞价交易的，应当执行国家有关规定。

第三章　艺术品进出口经营活动

第十三条　艺术品进出口经营活动包括：

（一）从境外进口或者向境外出口艺术品的经营活动；

（二）以销售、商业宣传为目的在境内公共展览场所举办的，有境外艺术品创作者或者境外艺术品参加的各类展示活动。

第十四条 从境外进口或者向境外出口艺术品的，应当在艺术品进出口前，向艺术品进出口口岸所在地省、自治区、直辖市人民政府文化行政部门提出申请并报送以下材料：

（一）营业执照、对外贸易经营者备案登记表；

（二）进出口艺术品的来源、目的地；

（三）艺术品图录；

（四）审批部门要求的其他材料。

文化行政部门应当自受理申请之日起5日内作出批准或者不批准的决定。批准的，发给批准文件，申请单位持批准文件到海关办理手续；不批准的，书面通知申请人并说明理由。

第十五条 以销售、商业宣传为目的在境内公共展览场所举办有境外艺术品创作者或者境外艺术品参加的展示活动，应当由举办单位于展览日45日前，向展览举办地省、自治区、直辖市人民政府文化行政部门提出申请，并报送以下材料：

（一）主办或者承办单位的营业执照、对外贸易经营者备案登记表；

（二）参展的境外艺术品创作者或者境外参展单位的名录；

（三）艺术品图录；

（四）审批部门要求的其他材料。

文化行政部门应当自受理申请之日起15日内作出批准或者不批准的决定。批准的，发给批准文件，申请单位持批准文件到海关办理手续；不批准的，书面通知申请人并说明理由。

第十六条 艺术品进出口口岸所在地省、自治区、直辖市人民政府文化行政部门在艺术品进出口经营活动审批过程中，对申报的艺术品内容有疑义的，可提交专家委员会进行复核。复核时间不超过 15 日，复核时间不计入审批时限。

第十七条 同一批已经文化行政部门内容审核的艺术品复出口或者复进口，进出口单位可持原批准文件到进口或者出口口岸海关办理相关手续，文化行政部门不再重复审批。

第十八条 任何单位或者个人不得销售或者利用其他商业形式传播未经文化行政部门批准进口的艺术品。

个人携带、邮寄艺术品进出境，不适用本办法。个人携带、邮寄艺术品超过海关认定的自用、合理数量，海关要求办理进出口手续的，应当参照本办法第十四条办理。

以研究、教学参考、馆藏、公益性展览等非经营性用途为目的的艺术品进出境，应当参照本办法第十四条或者第十五条办理进出口手续。

第四章　法律责任

第十九条 违反本办法第五条规定的，由县级以上人民政府文化行政部门或者依法授权的文化市场综合执法机构责令改正，并可根据情节轻重处 10000 元以下罚款。

第二十条 违反本办法第六条、第七条规定的，由县级以上人民政府文化行政部门或者依法授权的文化市场综合执法机构没收非法艺术品及违法所得，违法经营额不足 10000 元的，并处 10000 元以上 20000 元以下罚款；违法经营额 10000 元以上的，并处违法经营额 2 倍以上 3 倍以下罚款。

第二十一条 违反本办法第八条规定的，由县级以上人民政府文化行政部门或者依法授权的文化市场综合执法机构责令改正，没收违法所得，违法经营额不足 10000 元的，并处 10000 元以上 20000 元以下罚款；违法经营额 10000 元以上的，并处违法经营额 2 倍以上 3 倍以下罚款。

第二十二条　违反本办法第九条、第十一条规定的，由县级以上人民政府文化行政部门或者依法授权的文化市场综合执法机构责令改正，并可根据情节轻重处30000元以下罚款。

第二十三条　违反本办法第十四条、第十五条规定，擅自开展艺术品进出口经营活动，及违反第十八条第一款规定的，由县级以上人民政府文化行政部门或者依法授权的文化市场综合执法机构责令改正，违法经营额不足10000元的，并处10000元以上20000元以下罚款；违法经营额10000元以上的，并处违法经营额2倍以上3倍以下罚款。

第五章　附　则

第二十四条　本办法规定的行政许可、备案、专家委员会复核的期限以工作日计算，不含法定节假日。

第二十五条　本办法由文化部负责解释。

第二十六条　本办法自2016年3月15日起施行。2004年7月1日公布的《美术品经营管理办法》同时废止。

附 录

美术品经营管理办法

中华人民共和国文化部令

第 29 号

《美术品经营管理办法》已经 2004 年 6 月 2 日文化部部务会议审议通过，现予发布，自 2004 年 7 月 1 日起施行。

文化部部长
二○○四年七月一日

第一条 为了加强对美术品经营活动的管理，保护创作者、经营者、消费者的合法权益，促进美术品市场的健康发展，制定本办法。

第二条 本办法所称美术品，是指绘画作品、书法篆刻作品、雕塑雕刻作品、艺术摄影作品、装置艺术作品、工艺美术作品等及其上述作品的有限复制品。

本办法所称美术品经营活动，是指美术品的收购、销售、租赁、装裱、经纪、评估、咨询以及商业性美术品展览、比赛等活动。

第三条 文化部负责全国美术品经营活动的监督管理工作，制定美术品市场的发展规划，审批美术品进出口经营活动。

县级以上地方人民政府文化行政部门负责本行政区域内美术品经营活动的日常监督管理工作。

第四条　设立从事美术品经营活动的经营单位，应当符合下列条件：

（一）有经营单位的名称；

（二）有固定的经营场所；

（三）有与其经营规模相适应的资金；

（四）有相应的美术品经营的专业人员；

（五）法律、法规规定的其他条件。

符合上述条件的申请人，应当到其住所地县级以上工商行政管理部门申领营业执照，并在领取营业执照之日起15日内，到其住所地县级以上文化行政部门备案。

第五条　设立从事美术品进出口经营活动的单位，应当符合下列条件：

（一）有经营单位的名称；

（二）有相应的组织机构；

（三）有固定的经营场所；

（四）有不少于300万元人民币的注册资金；

（五）有相应的美术品经营的专业人员；

（六）有健全的外汇财务制度；

（七）有独立承担民事责任的能力；

（八）法律、法规规定的其他条件。

符合上述条件的申请人，应当按照国家关于进出口经营资格的有关规定办理手续，并在领取营业执照之日起15日内，到其住所地县级以上文化行政部门备案。

第六条　企业或者其他经营单位增设美术品经营业务，应当符合本办法有关规定，并在变更登记之日起15日内到住所地县级以上文化行政部门备案。

第七条 从事美术品进出口经营活动,应当向文化部提出申请并报送以下材料:

(一)进出口单位的资质证明;

(二)进出口美术品的来源地和目的地;

(三)进出口美术品的名录、图片和介绍;

(四)审批部门要求的其他材料。

第八条 文化部在受理申请之日起15个工作日内做出批准或者不批准的决定。批准的发给批准文件,不批准的应当说明理由。申报单位持文化部的批准文件办理进出境手续。

第九条 涉外商业性美术品展览活动,应当由具备进出口资格的经营单位主办。主办单位应当在展览前30日,向举办地省级文化行政部门提出申请并报送以下材料:

(一)主办单位的资质证明;

(二)展览的活动方案;

(三)举办单位与其他相关单位签订的合同或者协议;

(四)经费预算及资金来源证明;

(五)场地使用协议;

(六)国外来华参展的美术品的名录、图片和介绍;

(七)审批部门要求的其他材料。

第十条 省级文化行政部门应当在受理申请之日起15个工作日内提出初审意见,同意的报文化部审批,不同意的说明理由。文化部应当在收到省级文化行政部门初审意见之日起15个工作日内做出批准或者不批准的决定,不批准的向申请人说明理由。申请单位持文化部的批准文件办理展品进出境手续。

第十一条 文化部对当代艺术品精品实行保护,保护制度另行规定。

第十二条 禁止经营含有以下内容的美术品:

（一）反对宪法确定的基本原则的；

（二）危害国家统一、主权和领土完整的；

（三）危害国家安全或者损害国家荣誉和利益的；

（四）煽动民族仇恨、民族歧视，破坏民族团结，或者侵害民族风俗、习惯的；

（五）宣扬或者传播邪教、迷信的；

（六）扰乱社会秩序，破坏社会稳定的；

（七）宣扬淫秽、赌博、暴力、恐怖或者教唆犯罪的；

（八）侮辱或者诽谤他人，侵害他人合法权益的；

（九）危害社会公德或者民族优秀文化传统的；

（十）有法律、行政法规和国家规定禁止的其他内容的。

第十三条 美术品经营单位应当遵守以下规定：

（一）遵守国家有关法律和法规，接受文化行政部门的指导、监督和检查；

（二）有健全的经营管理制度；

（三）有美术品合法来源证明；

（四）经营的美术品明码标价；

（五）依法缴纳税费。

第十四条 美术品经营单位不得经营盗用他人名义的美术品。

从事美术品经纪活动的专业人员不得在两个或者两个以上的美术品中介服务单位执业。

第十五条 县级以上文化行政部门应当建立美术品经营单位的信用档案，将企业的服务承诺、经营情况、消费者投诉情况记录在案，定期向社会公示。

第十六条 违反本办法第七条、第九条规定，擅自开展美术品进出口经营活动或者涉外商业性美术品展览活动的，由县级以上文化行政部门责令改正，并处 5000 元以上 30000 元以下罚款。

第十七条 违反本办法第十二条规定的，由县级以上文化行政部门没收作品及违法所得，并处 5000 元以上 30000 元以下罚款，情节严重的提请工商部门吊销营业执照。

第十八条 违反本办法规定，有下列行为之一的，由县级以上文化行政部门责令改正，并视其情节轻重予以警告，或者并处 2000 元以上 10000 元以下罚款：

（一）未按本办法规定向文化行政部门备案的；

（二）未建立健全经营管理制度的；

（三）不能证明经营的美术品的合法来源的；

（四）经营的美术品没有明码标价的；

（五）从事美术品经纪活动的专业人员在两个或者两个以上的美术品中介服务单位执业的。

第十九条 美术品经营单位的经营活动有侵犯他人著作权行为的，由著作权行政管理部门依照《中华人民共和国著作权法》的有关规定给予处罚；构成犯罪的，依法追究刑事责任。

第二十条 文化行政部门根据本办法的有关规定做出处罚决定时，应当出具行政处罚决定书。当事人对文化行政部门的行政处罚决定不服的，可以依法申请复议或者依法向人民法院提起诉讼。当事人逾期不申请复议，不向人民法院提起诉讼又不履行处罚决定的，由做出处罚的机关申请人民法院强制执行。

第二十一条 本办法由文化部负责解释。

第二十二条 本办法自 2004 年 7 月 1 日起施行。1994 年 11 月 25 日公布的《美术品经营管理办法》同时废止。

印刷业经营者资格条件暂行规定

中华人民共和国新闻出版总署令
第 15 号

现发布《印刷业经营者资格条件暂行规定》，自发布之日起施行。

新闻出版总署署长
2001 年 11 月 09 日

（2001 年 11 月 09 日中华人民共和国新闻出版总署令第 15 号发布；根据 2015 年 8 月 28 日国家新闻出版广电总局令第 3 号公布的《关于修订部分规章和规范性文件的决定》修订）

第一条 为了进一步规范印刷业经营者的设立和审批，促进印刷业经营者提高经营素质和技术水平，根据《印刷业管理条例》的规定和国务院有关整顿和规范印刷市场秩序的精神，制定本规定。

第二条 本规定所称印刷业经营者，包括从事出版物、包装装潢印刷品印刷经营活动的企业，从事其他印刷品印刷经营活动的企业、单位或者个人，以及专项排版、制版、装订企业或者单位和复印、打印经营单位或者个人。

第三条 印刷业经营者资格的审批，除应符合本规定外，还应当符合国家有关印刷业总量、结构、布局规划和法律、法规规定的其他条件。

第四条 经营出版物印刷业务的企业，应当具备以下条件：

（一）有企业的名称、章程；

（二）有确定的业务范围；

（三）有适应业务需要的固定生产经营场所；

（四）有能够维持正常生产经营的资金；

（五）有必要的出版物印刷设备，具备2台以上最近十年生产的且未列入《淘汰落后生产能力、工艺和产品的目录》的自动对开胶印印刷设备；

（六）有适应业务范围需要的组织机构和人员，法定代表人及主要生产、经营负责人必须取得省级新闻出版行政部门颁发的《印刷法规培训合格证书》；

（七）有健全的承印验证、登记、保管、交付、销毁等经营管理、财务管理制度和质量保证体系。

第五条　经营包装装潢印刷品印刷业务的企业，应当具备以下条件：

（一）有企业的名称、章程；

（二）有确定的业务范围；

（三）有适应业务需要的固定生产经营场所；

（四）有能够维持正常生产经营的资金；

（五）有必要的包装装潢印刷设备，具备2台以上最近十年生产的且未列入《淘汰落后生产能力、工艺和产品的目录》的胶印、凹印、柔印、丝印等及后序加工设备；

（六）有适应业务范围需要的组织机构和人员，企业法定代表人及主要生产、经营负责人必须取得地市级以上人民政府负责出版管理的行政部门（以下简称出版行政部门）颁发的《印刷法规培训合格证书》；

（七）有健全的承印验证、登记、保管、交付、销毁等经营管理、财务管理制度和质量保证体系。

第六条　经营其他印刷品印刷业务的企业、单位，应当具备以下条件：

（一）有企业或单位的名称、章程；

（二）有确定的业务范围；

（三）有适应业务需要的固定生产经营场所，且不在有居住用途的场所内；

（四）有适应业务需要的生产设备和资金；

（五）有适应业务需要的组织机构和人员，企业法定代表人或单位负责人必须取得县级以上出版行政部门颁发的《印刷法规培训合格证书》；

（六）有健全的承印验证、登记、保管、交付、销毁等经营管理、财务管理制度和质量保证体系。

第七条 经营专项排版、制版、装订业务的企业、单位，应当具备以下条件：

（一）有企业或单位的名称、章程；

（二）有确定的业务范围；

（三）有适应业务需要的固定生产经营场所；

（四）有能够维持正常生产经营的资金；

（五）有必要的排版、制版、装订设备，具备2台以上最近十年生产的且未列入《淘汰落后生产能力、工艺和产品的目录》的印前或印后加工设备；

（六）有适应业务范围需要的组织机构和人员，企业法定代表人及主要生产、经营负责人和单位负责人必须取得地市级以上出版行政部门颁发的《印刷法规培训合格证书》；

（七）有健全的承印验证、登记、保管、交付、销毁等经营管理、财务管理制度和质量保证体系。

第八条 经营复印、打印业务的单位，应当具备以下条件：

（一）有单位的名称、章程；

（二）有确定的业务范围；

（三）有适应业务需要的固定生产经营场所，且不在有居住用途的场所内；

（四）有必要的复印机、计算机、打印机、名片印刷机等设备（不应有八开以上轻印刷设备）；

（五）有适应业务范围需要的组织机构和人员，单位负责人必须取得县级以上出版行政部门颁发的《印刷法规培训合格证书》；

（六）有健全的承印验证、登记、保管、交付、销毁等经营管理制度。

第九条 个人从事其他印刷品印刷经营活动和复印、打印经营活动的，应当符合本规定第六条、第八条的规定。

第十条 印刷业经营者从事其他种类印刷经营活动的，应当同时具备设立该印刷企业或者单位的资格条件。

第十一条 出版行政部门必须按照本规定审批印刷业经营者资格，不符合本规定条件的不得批准设立。

第十二条 对印刷业经营者的年度核验，除适用本规定规定的条件外，还要求印刷业经营者无违反印刷管理规定的记录。

第十三条 本规定施行前已设立的印刷业经营者于2002年3月1日前未达到本规定规定条件的，暂不予换发《印刷经营许可证》。

第十四条 本规定自发布之日起施行。

经营高危险性体育项目许可管理办法

国家体育总局令

第 17 号

《经营高危险性体育项目许可管理办法》已于 2013 年 1 月 28 日经国家体育总局第 3 次局长办公会审议通过,现予公布,自 2013 年 5 月 1 日起施行。

国家体育总局局长

2013 年 2 月 21 日

第一章 总 则

第一条 为了规范经营高危险性体育项目行政许可的实施,保障消费者人身安全,促进体育市场健康发展,根据《中华人民共和国体育法》、《中华人民共和国行政许可法》、《全民健身条例》等有关法律、法规,制定本办法。

第二条 本办法所称经营高危险性体育项目,是指以营利为目的,从事按照《全民健身条例》规定公布的高危险性体育项目的经营活动。

第三条 经营高危险性体育项目实施行政许可。

第四条 对经营高危险性体育项目实施行政许可，坚持以下原则：

保障消费者人身安全；

规范发展体育市场；

公开、公平、公正；

处罚与教育相结合；

经济效益与社会效益并重。

第五条 国家体育总局指导全国范围内经营高危险性体育项目行政许可工作，会同有关部门制定、调整高危险性体育项目目录，并经国务院批准后予以公布。

县级以上地方人民政府体育主管部门负责本行政区域的经营高危险性体育项目行政许可工作。

第二章　申请与审批

第六条 经营高危险性体育项目，应当具备下列条件：

（一）相关体育设施符合国家标准；

（二）具有达到规定数量、取得国家职业资格证书的社会体育指导人员和救助人员；

（三）具有安全生产岗位责任制、安全操作规程、突发事件应急预案、体育设施、设备、器材安全检查制度等安全保障制度和措施；

（四）法律、法规规定的其他条件。

第七条 申请经营高危险性体育项目，应当提交下列材料：

（一）申请书。申请书应当包括申请人的名称、住所，拟经营的高危险性体育项目，拟成立经营机构的名称、地址、经营场所等内容；

（二）体育设施符合相关国家标准的说明性材料；

（三）体育场所的所有权或使用权证明；

（四）社会体育指导人员、救助人员的职业资格证明；

（五）安全保障制度和措施；

（六）法律、法规规定的其他材料。

第八条　经营高危险性体育项目，应当向县级以上地方人民政府体育主管部门申请行政许可。

第九条　县级以上地方人民政府体育主管部门应当自收到申请之日起30日内进行实地核查，做出批准或者不予批准的决定。批准的，应当发给许可证；不予批准的，应当书面通知申请人并说明理由。

第十条　许可证应当载明以下事项：

（一）经营机构负责人姓名；

（二）经营机构名称；

（三）经营场所地址；

（四）许可经营的高危险性体育项目；

（五）社会体育指导人员和救助人员规定数量；

（六）许可期限。

第十一条　许可证有效期为五年，样式由国家体育总局统一制定。

第十二条　申请人在获得县级以上地方人民政府体育主管部门行政许可后，应当持许可证到相应的工商行政管理部门依法办理相关登记手续。

第十三条　许可证载明事项发生变更的，经营者应当向做出行政许可决定的体育主管部门申请办理变更手续。体育主管部门同意的，为其换发许可证。经营者持换发的许可证到相应的工商行政管理部门办理变更登记。

第十四条　许可证到期后需要继续经营的，经营者应提前30

日到做出行政许可决定的体育主管部门申请办理续期手续。体育主管部门同意的，为其换发许可证。经营者持换发的许可证到相应的工商行政管理部门办理续期登记。

第十五条 有下列情况之一，做出行政许可决定的体育主管部门应当依法注销许可证：

（一）经营终止；

（二）许可证到期。

第十六条 已经许可、注销和依据本办法第二十八条吊销许可证的，做出行政许可决定的体育主管部门应当向社会公示。

第十七条 许可证遗失或者毁损的，应当向做出行政许可决定的体育主管部门申请补领或者更换。

第三章　监督检查

第十八条 上级体育主管部门应当加强对下级体育主管部门实施行政许可的监督检查，及时纠正行政许可实施中的违法行为。

县级以上地方人民政府体育主管部门应当对经营者从事行政许可事项的活动实施有效监督。

监督检查不得妨碍被许可人的正常经营。

第十九条 县级以上地方人民政府体育主管部门对经营高危险性体育项目进行检查时，体育执法人员人数不得少于两人，并出示有效的行政执法证件。未出示有效证件的，经营者有权拒绝检查。

第二十条 体育执法人员应当将监督检查的时间、地点、内容、发现的问题及其处理情况做出书面记录，并建立执法档案，将各项检查记录和处罚决定存档。

第二十一条 经营者应当将许可证、安全生产岗位责任制、安全操作规程、体育设施、设备、器材的使用说明及安全检查等制度、社会体育指导人员和救助人员名录及照片张贴于经营场所的醒目位置。

第二十二条　经营者应当就高危险性体育项目可能危及消费者安全的事项和对参与者年龄、身体、技术的特殊要求，在经营场所中做出真实说明和明确警示，并采取措施防止危害发生。

第二十三条　经营者应当按照相关规定做好体育设施、设备、器材的维护保养及定期检测，保证其能够安全、正常使用。

第二十四条　经营者应当保证经营期间具有不低于规定数量的社会体育指导人员和救助人员。社会体育指导人员和救助人员应当持证上岗，并佩戴能标明其身份的醒目标识。

第二十五条　经营者对体育执法人员依法履行监督检查职责，应当予以配合，不得拒绝、阻挠。

第二十六条　国家鼓励高危险性体育项目经营者依法投保有关责任保险，鼓励消费者依法投保意外伤害保险。

第四章　法律责任

第二十七条　未经县级以上地方人民政府体育主管部门批准，擅自经营高危险性体育项目的，由县级以上地方人民政府体育主管部门按照管理权限责令改正；有违法所得的，没收违法所得；违法所得不足3万元或者没有违法所得的，并处3万元以上10万元以下的罚款；违法所得3万元以上的，并处违法所得2倍以上5倍以下的罚款。

第二十八条　经营者取得许可证后，不再符合本办法规定条件仍经营该体育项目的，由县级以上地方人民政府体育主管部门按照管理权限责令限期改正；有违法所得的，没收违法所得；违法所得不足3万元或者没有违法所得的，并处3万元以上10万元以下的罚款；违法所得3万元以上的，并处违法所得2倍以上5倍以下的罚款；拒不改正的，由做出行政许可决定的体育主管部门吊销许可证。

第二十九条　违反本办法第二十一条、第二十二条、第二十三条、第二十四条规定，由县级以上地方人民政府体育主管部门责令限期改正，逾期未改正的，处2万元以下的罚款。

　　第三十条　违反本办法第二十五条规定，由县级以上地方人民政府体育主管部门责令改正，处3万元以下的罚款。

　　第三十一条　县级以上人民政府体育主管部门工作人员在实施行政许可过程中，玩忽职守、滥用职权、徇私舞弊的，依法给予处分；构成犯罪的，依法追究刑事责任。

第五章　附　则

　　第三十二条　在高危险性体育项目目录公布前，已经开展目录中所列高危险性体育项目经营的，经营者应当在目录公布后的6个月内依照本办法申请行政许可。

　　第三十三条　具体实施办法由地方根据实际情况制定。

　　第三十四条　本办法自2013年5月1日起施行。

兽用生物制品经营管理办法

兽用生物制品经营管理办法

中华人民共和国农业部令

第 3 号

《兽用生物制品经营管理办法》已于 2007 年 2 月 14 日经农业部第 3 次常务会议审议通过，现予发布，自 2007 年 5 月 1 日起施行。

农业部部长
二〇〇七年三月二十九日

第一条 为了加强兽用生物制品经营管理，保证兽用生物制品质量，根据《兽药管理条例》，制定本办法。

第二条 在中华人民共和国境内从事兽用生物制品的分发、经营和监督管理，应当遵守本办法。

第三条 兽用生物制品分为国家强制免疫计划所需兽用生物制品（以下简称国家强制免疫用生物制品）和非国家强制免疫计划所

需兽用生物制品（以下简称非国家强制免疫用生物制品）。

国家强制免疫用生物制品名单由农业部确定并公告。

第四条 农业部负责全国兽用生物制品的监督管理工作。

县级以上地方人民政府兽医行政管理部门负责本行政区域内兽用生物制品的监督管理工作。

第五条 国家强制免疫用生物制品由农业部指定的企业生产，依法实行政府采购，省级人民政府兽医行政管理部门组织分发。

发生重大动物疫情、灾情或者其他突发事件时，国家强制免疫用生物制品由农业部统一调用，生产企业不得自行销售。

农业部对定点生产企业实行动态管理。

第六条 省级人民政府兽医行政管理部门应当建立国家强制免疫用生物制品储存、运输等管理制度。

分发国家强制免疫用生物制品，应当建立真实、完整的分发记录。分发记录应当保存至制品有效期满后 2 年。

第七条 具备下列条件的养殖场可以向农业部指定的生产企业采购自用的国家强制免疫用生物制品，但应当将采购的品种、生产企业、数量向所在地县级以上地方人民政府兽医行政管理部门备案：

（一）具有相应的兽医技术人员；

（二）具有相应的运输、储藏条件；

（三）具有完善的购入验收、储藏保管、使用核对等管理制度。

养殖场应当建立真实、完整的采购、使用记录，并保存至制品有效期满后 2 年。

第八条 农业部指定的生产企业只能将国家强制免疫用生物制品销售给省级人民政府兽医行政管理部门和符合第七条规定的养殖场，不得向其他单位和个人销售。

兽用生物制品生产企业可以将本企业生产的非国家强制免疫用生物制品直接销售给使用者，也可以委托经销商销售。

第九条 兽用生物制品生产企业应当建立真实、完整的销售记录，应当向购买者提供批签发证明文件复印件。销售记录应当载明产品名称、产品批号、产品规格、产品数量、生产日期、有效期、收货单位和地址、发货日期等内容。

第十条 非国家强制免疫用生物制品经销商应当依法取得《兽药经营许可证》和工商营业执照。

前款规定的《兽药经营许可证》的经营范围应当载明委托的兽用生物制品生产企业名称及委托销售的产品类别等内容。经营范围发生变化的，经销商应当办理变更手续。

第十一条 兽用生物制品生产企业可以自主确定、调整经销商，并与经销商签订销售代理合同，明确代理范围等事项。

第十二条 经销商只能经营所代理兽用生物制品生产企业生产的兽用生物制品，不得经营未经委托的其他企业生产的兽用生物制品。

经销商只能将所代理的产品销售给使用者，不得销售给其他兽药经营企业。

未经兽用生物制品生产企业委托，兽药经营企业不得经营兽用生物制品。

第十三条 养殖户、养殖场、动物诊疗机构等使用者采购的或者经政府分发获得的兽用生物制品只限自用，不得转手销售。

第十四条 县级以上地方人民政府兽医行政管理部门应当依法加强对兽用生物制品生产、经营企业和使用者监督检查，发现有违反《兽药管理条例》和本办法规定情形的，应当依法做出处理决定或者报告上级兽医行政管理部门。

第十五条 各级兽医行政管理部门、兽药检验机构、动物卫生监督机构及其工作人员，不得参与兽用生物制品的生产、经营活动，不得以其名义推荐或者监制、监销兽用生物制品和进行广告宣传。

第十六条 养殖户、养殖场、动物诊疗机构等使用者转手销售兽用生物制品的，或者兽药经营者超出《兽药经营许可证》载明的经营范围经营兽用生物制品的，属于无证经营，按照《兽药管理条例》第五十六条的规定处罚。

第十七条 农业部指定的生产企业违反《兽药管理条例》和本办法规定的，取消其国家强制免疫用生物制品的生产资格，并按照《兽药管理条例》的规定处罚。

第十八条 本办法所称兽用生物制品是指以天然或者人工改造的微生物、寄生虫、生物毒素或者生物组织及代谢产物等为材料，采用生物学、分子生物学或者生物化学、生物工程等相应技术制成的，用于预防、治疗、诊断动物疫病或者改变动物生产性能的兽药。

本办法所称非国家强制免疫用生物制品是指农业部确定的强制免疫用生物制品以外的兽用生物制品。

第十九条 进口兽用生物制品的经营管理适用《兽药进口管理办法》。

第二十条 本办法自 2007 年 5 月 1 日起施行。

港口经营管理规定

中华人民共和国交通运输部令
2016 年第 43 号

《交通运输部关于修改〈港口经营管理规定〉的决定》已于 2016 年 4 月 14 日经第 8 次部务会议通过,现予公布。

交通运输部部长
2016 年 4 月 19 日

(2009 年 11 月 6 日交通运输部发布;根据 2014 年 12 月 23 日交通运输部《关于修改〈港口经营管理规定〉的决定》第一次修正;根据 2016 年 4 月 19 日《交通运输部关于修改〈港口经营管理规定〉的决定》第二次修正)

第一章 总 则

第一条 为规范港口经营行为,维护港口经营秩序,依据《中华人民共和国港口法》和其他有关法律、法规,制定本规定。

第二条 本规定适用于港口经营及相关活动。

第三条 本规定下列用语的含义是：

（一）港口经营，是指港口经营人在港口区域内为船舶、旅客和货物提供港口设施或者服务的活动，主要包括下列各项：

1. 为船舶提供码头、过驳锚地、浮筒等设施；

2. 为旅客提供候船和上下船舶设施和服务；

3. 从事货物装卸（含过驳）、仓储、港内驳运、集装箱堆放、拆拼箱以及对货物及其包装进行简单加工处理等；

4. 为船舶进出港、靠离码头、移泊提供顶推、拖带等服务；

5. 为委托人提供货物交接过程中的点数和检查货物表面状况的理货服务；

6. 为船舶提供岸电、燃物料、生活品供应、船员接送及船舶污染物（含油污水、残油、洗舱水、生活污水及垃圾）接收、围油栏供应服务等船舶港口服务；

7. 从事港口设施、设备和港口机械的租赁、维修业务。

（二）港口经营人，是指依法取得经营资格从事港口经营活动的组织和个人。

（三）港口设施，是指为从事港口经营而建造和设置的建（构）筑物。

第四条 交通运输部负责全国港口经营行政管理工作。

省、自治区、直辖市人民政府交通运输（港口）主管部门负责本行政区域内的港口经营行政管理工作。

省、自治区、直辖市人民政府、港口所在地设区的市（地）、县人民政府确定的具体实施港口行政管理的部门负责该港口的港口经营行政管理工作。本款上述部门统称港口行政管理部门。

第五条 国家鼓励港口经营性业务实行多家经营、公平竞争。港口经营人不得实施垄断行为。任何组织和部门不得以任何形式实施地区保护和部门保护。

第二章　资质管理

第六条　从事港口经营，应当申请取得港口经营许可。

实施港口经营许可，应当遵循公平、公正和公开透明的原则，不得收取费用，并应当接受社会监督。

第七条　从事港口经营（港口理货、船舶污染物接收除外），应当具备下列条件：

（一）有固定的经营场所；

（二）有与经营范围、规模相适应的港口设施、设备，其中：

1. 码头、客运站、库场、储罐、污水处理设施等固定设施应当符合港口总体规划和法律、法规及有关技术标准的要求；

2. 为旅客提供上、下船服务的，应当具备至少能遮蔽风、雨、雪的候船和上、下船设施；

3. 为国际航线船舶服务的码头（包括过驳锚地、浮筒），应当具备对外开放资格；

4. 为船舶提供码头、过驳锚地、浮筒等设施的，应当有相应的船舶污染物、废弃物接收能力和相应污染应急处理能力，包括必要的设施、设备和器材；

（三）有与经营规模、范围相适应的专业技术人员、管理人员；

（四）有健全的经营管理制度和安全管理制度以及生产安全事故应急预案，应急预案经专家审查通过。

第八条　从事港口理货，应当具备下列条件：

（一）申请人是依法在国内登记注册的企业法人；

（二）港口理货经营地域为申请人所在地的行政区域；

（三）有与经营范围、规模相适应的组织机构和管理人员、理货人员，有固定的办公场所和经营设施，有业务章程、理货规程和管理制度；

（四）具有符合相关通用要求的质量管理体系；

（五）具备与港口理货业务相适应的，能与港航电子数据交换中心和电子口岸顺利进行数据传输的理货信息系统和技术装备。

第九条 从事船舶污染物接收经营，应当具备下列条件：

（一）有固定的经营场所；

（二）配备海务、机务、环境工程专职管理人员至少各一名，专职管理人员应当具有3年以上相关专业从业资历；

（三）有健全的经营管理制度和安全管理制度以及生产安全事故应急预案；

（四）使用船舶从事船舶污染物接收的，应当拥有至少一艘不低于300总吨的适应船舶污染物接收的中国籍船舶；使用港口接收设施从事船舶污染物接收的，港口接收设施应处于良好状态；使用车辆从事船舶污染物接收的，应当拥有至少一辆垃圾接收、清运专用车辆。

第十条 港口工程试运行期间从事经营的，应当具备以下条件：

（一）有固定的经营场所；

（二）有与经营范围、规模相适应的港口设施、设备，其中：

1. 码头、客运站等固定设施应当符合港口总体规划；

2. 为旅客提供上、下船服务的，应当具备至少能遮蔽风、雨、雪的候船和上、下船设施；

3. 为国际航线船舶服务的码头（包括过驳锚地、浮筒），应当具备对外开放资格；

4. 为船舶提供码头、过驳锚地、浮筒等设施的，应当有相应的船舶污染物、废弃物接收能力和相应污染应急处理能力，包括必要的设施、设备和器材；

5. 码头、装卸设备、港池、航道、导助航设施及其他配套设施等港口设施主体工程已按批准的初步设计文件建成，并经交工验收合格，具有交工验收报告；主要装卸设备空载联动调试合格；

6. 港口工程的环境保护设施、安全设施、职业病防护设施、消防设施等已按要求与港口主体工程同时建设完成，且已通过安全设施验收和消防设施验收或者备案，环境保护设施和职业病防护设施符合国家有关法律、法规、规章、标准规定的试运行要求；

（三）有与经营规模、范围相适应的专业技术人员、管理人员；

（四）有健全的经营管理制度和安全管理制度；已制定试运行方案和应急预案，并经专家审查通过。

第十一条 从事港口装卸和仓储业务的经营人不得兼营理货业务。理货业务经营人不得兼营港口货物装卸经营业务和仓储经营业务。

第十二条 申请从事港口经营，应当提交下列相应文件和资料：

（一）港口经营业务申请书；

（二）经营管理机构的组成及其办公用房的所有权或者使用权证明；

（三）港口码头、库场、储罐、污水处理等固定设施符合国家有关规定的竣工验收合格证明；

（四）使用港口岸线的，港口岸线的使用批准文件；

（五）使用港作船舶的，港作船舶的船舶证书；

（六）负责安全生产的主要管理人员通过安全生产法律法规要求的培训证明材料；

（七）证明符合第七条规定条件的其他文件和资料。

从事港口理货业务的，应当提供上述（一）（二）项规定的材料和证明符合第八条规定条件的其他文件和材料。

从事船舶污染物接收经营的，应当提供上述（一）（二）项规定的材料和证明符合第九条规定条件的其他文件和材料。

港口工程试运行期间从事经营的，应当提供上述第（一）（二）（四）（六）项规定的材料和证明符合第十条规定条件的其他文件和材料。

第十三条　申请从事港口经营（申请从事港口理货除外），申请人应当向港口行政管理部门提出书面申请和第十二条第一款、第三款规定的相关文件资料。港口行政管理部门应当自受理申请之日起 30 个工作日内作出许可或者不许可的决定。符合资质条件的，由港口行政管理部门发给《港口经营许可证》，并通过信息网络或者报刊公布；不符合条件的，不予行政许可，并应当将不予许可的决定及理由书面通知申请人。《港口经营许可证》应当明确港口经营人的名称与办公地址、法定代表人、经营项目、经营地域、主要设施设备、发证日期、许可证有效期和证书编号。

《港口经营许可证》的有效期为 3 年。港口设施需要试运行经营的，所持有的《港口经营许可证》的有效期为试运行经营期，并在证书上注明。试运行经营期原则上不超过 6 个月；确需延期的，试运行经营期累计不得超过 1 年。

第十四条　申请从事港口理货，应当向港口所在地的省级交通运输主管部门提出书面申请并提交第十二条第二款规定的相关文件资料。省级交通运输主管部门在收到申请和相关材料后，可根据需要征求相关港口行政管理部门意见。相关港口行政管理部门应当在 7 个工作日内提出反馈意见。省级交通运输主管部门应当在受理申请人的申请之日起 20 个工作日内作出许可或者不许可的决定。予以许可的，核发《港口经营许可证》，并通过信息网络或者报刊公布；不予许可的应当将不予许可的决定及理由书面通知申请人。省级交通运输主管部门在作出许可决定的同时，应当将许可情况通知相关港口行政管理部门。

第十五条　省级交通运输主管部门和港口行政管理部门对申请人提出的港口经营许可申请，应当根据下列情况分别做出处理：

（一）申请事项依法不需要取得行政许可的，应当即时告知申请人不受理；

（二）申请事项依法不属于省级交通运输主管部门或者港口行政管理部门职权范围的，应当即时告知申请人向有关行政机关申请；

（三）申请材料存在可以当场更正的错误的，应当允许申请人当场更正；

（四）申请材料不齐全或者不符合法定形式的，应当当场或者在 5 日内一次告知申请人需要补正的全部内容，逾期不告知的，自收到申请材料之日起即为受理；

（五）申请事项属于省级交通运输主管部门或者港口行政管理部门职权范围，申请材料齐全、符合法定形式，或者申请人按照要求提交全部补正申请材料的，应当受理经营业务许可申请。

受理或者不受理经营业务许可申请，应当出具加盖许可机关专用印章和注明日期的书面凭证。

第十六条　港口经营人应当按照港口行政管理部门许可的经营范围从事港口经营活动。

第十七条　港口经营人变更经营范围的，应当就变更事项按照本规定第十三条或者第十四条规定办理许可手续，并到工商部门办理相应的变更登记手续。

港口经营人变更企业法定代表人或者办公地址的，应当向港口行政管理部门备案并换发《港口经营许可证》。

第十八条　港口经营人应当在《港口经营许可证》有效期届满之日 30 日以前，向《港口经营许可证》发证机关申请办理延续手续。

申请办理《港口经营许可证》延续手续，应当提交下列材料：

（一）《港口经营许可证》延续申请；

（二）除本规定第十二条第一款第（一）（二）项之外的其他证明材料。

第十九条　港口经营人停业或者歇业，应当提前 30 个工作日告知原许可机关。原许可机关应当收回并注销其《港口经营许可证》，并以适当方式向社会公布。

第三章 经营管理

第二十条 港口行政管理部门及相关部门应当保证港口公用基础设施的完好、畅通。

港口经营人应当按照核定的功能使用和维护港口经营设施、设备，并使其保持正常状态。

第二十一条 港口经营人变更或者改造码头、堆场、仓库、储罐和污水垃圾处理设施等固定经营设施，应当依照有关法律、法规和规章的规定履行相应手续。依照有关规定无需经港口行政管理部门审批的，港口经营人应当向港口行政管理部门备案。

第二十二条 从事港口旅客运输服务的经营人，应当采取必要措施保证旅客运输的安全、快捷、便利，保证旅客基本生活用品的供应，保持良好的候船条件和环境。

第二十三条 港口经营人应当优先安排抢险、救灾和国防建设急需物资的港口作业。

政府在紧急情况下征用港口设施，港口经营人应当服从指挥。港口经营人因此而产生费用或者遭受损失的，下达征用任务的机关应当依法给予相应的经济补偿。

第二十四条 在旅客严重滞留或者货物严重积压阻塞港口的紧急情况下，港口行政管理部门应当采取措施进行疏港。港口所在地的市、县人民政府认为必要时，可以直接采取措施，进行疏港。港口内的单位、个人及船舶、车辆应当服从疏港指挥。

第二十五条 港口行政管理部门应当依法制定可能危及社会公共利益的港口危险货物事故应急预案、重大生产安全事故的旅客紧急疏散和救援预案以及预防自然灾害预案，建立健全港口重大生产

— 131 —

安全事故的应急救援体系。

港口行政管理部门按照前款规定制定的各项预案应当予以公布，并报送交通运输部和上级交通运输（港口）主管部门备案。

第二十六条　港口经营人应当依照有关法律、法规和交通运输部有关港口安全作业的规定，加强安全生产管理，完善安全生产条件，建立健全安全生产责任制等规章制度，确保安全生产。

港口经营人应当依法制定本单位的危险货物事故应急预案、重大生产安全事故的旅客紧急疏散和救援预案以及预防自然灾害预案，并保障组织实施。

港口经营人按照前款规定制定的各项预案应当报送港口行政管理部门和港口所在地海事管理机构备案。

第二十七条　港口经营人从事港口经营业务，应当遵守有关法律、法规和规章的规定，依法履行合同约定的义务，为客户提供公平、良好的服务。

第二十八条　港口经营人应当遵守国家有关港口经营价格和收费的规定，应当在其经营场所公布经营服务收费项目和收费标准，使用国家规定的港口经营票据。

第二十九条　港口经营人不得采取不正当手段，排挤竞争对手，限制或者妨碍公平竞争；不得对具有同等条件的服务对象实行歧视；不得以任何手段强迫他人接受其提供的港口服务。

第三十条　港口经营人应当按照有关规定及时足额交纳港口行政性收费。

港口经营人的合法权益受法律保护。任何单位和个人不得向港口经营人摊派或者违法收取费用。

港口经营人有权拒绝违反规定收取或者摊派的各种费用。

第三十一条　港口行政管理部门应当依法做好港口行政性收费的征管工作，保证港口行政性收费征收到位，并及时足额解缴。

港口行政性收费实行专户管理，专款专用。

第三十二条　港口经营人应当按照国家有关规定，及时向港口行政管理部门如实提供港口统计资料及有关信息。

各级交通运输（港口）主管部门和港口行政管理部门应当按照有关规定向交通运输部和上级交通运输（港口）主管部门报送港口统计资料和相关信息，并结合本地区的实际建设港口管理信息系统。

上述部门的工作人员应当为港口经营人保守商业秘密。

第四章　监督检查

第三十三条　港口行政管理部门应当依法对港口安全生产情况和本规定执行情况实施监督检查，并将检查的结果向社会公布。港口行政管理部门应当对旅客集中、货物装卸量较大或者特殊用途的码头进行重点巡查。检查中发现安全隐患的，应当责令被检查人立即排除或者限期排除。

各级交通运输（港口）主管部门应当加强对港口行政管理部门实施《中华人民共和国港口法》和本规定的监督管理，切实落实法律规定的各项制度，及时纠正行政执法中的违法行为。

第三十四条　港口行政管理部门的监督检查人员依法实施监督检查时，有权向被检查单位和有关人员了解情况，并可查阅、复制有关资料。

监督检查人员应当对检查中知悉的商业秘密保密。

监督检查人员实施监督检查，应当两个人以上，并出示执法证件。

第三十五条　监督检查人员应当将监督检查的时间、地点、内容、发现的问题及处理情况作出书面记录，并由监督检查人员和被检查单位的负责人签字；被检查单位的负责人拒绝签字的，监督检查人员应当将情况记录在案，并向港口行政管理部门报告。

第三十六条 被检查单位和有关人员应当接受港口行政管理部门依法实施的监督检查,如实提供有关情况和资料,不得拒绝检查或者隐匿、谎报有关情况和资料。

第五章 法律责任

第三十七条 有下列行为之一的,由港口行政管理部门责令停止违法经营,没收违法所得;违法所得10万元以上的,并处违法所得2倍以上5倍以下罚款;违法所得不足10万元的,处5万元以上20万元以下罚款:

(一)未依法取得港口经营许可证,从事港口经营的;

(二)未经依法许可,经营港口理货业务的;

(三)港口理货业务经营人兼营货物装卸经营业务、仓储经营业务的。

有前款第(三)项行为,情节严重的,由港口所在地的省级交通运输主管部门吊销港口理货业务经营许可证,并以适当方式向社会公布。

第三十八条 经检查或者调查证实,港口经营人在取得经营许可后又不符合本规定第七、八、九、十条规定一项或者几项条件的,由港口行政管理部门责令其停止经营,限期改正;逾期不改正的,由作出行政许可决定的行政机关吊销《港口经营许可证》,并以适当方式向社会公布。

第三十九条 港口经营人不优先安排抢险物资、救灾物资、国防建设急需物资的作业的,由港口行政管理部门责令改正;造成严重后果的,吊销《港口经营许可证》,并以适当方式向社会公布。

第四十条 港口经营人违反本规定第二十六条关于安全生产规定的,由港口行政管理部门或者其他依法负有安全生产监督管理职责的部门依法给予处罚；情节严重的，由港口行政管理部门吊销《港口经营许可证》；构成犯罪的，依法追究刑事责任。

第四十一条　港口经营人违反本规定第二十八条、第二十九条规定，港口行政管理部门应当进行调查，并协助相关部门进行处理。

第四十二条　港口经营人违反本规定第三十二条规定不及时和不如实向港口行政管理部门提供港口统计资料及有关信息的，由港口行政管理部门按照有关法律、法规的规定予以处罚。

第四十三条　港口行政管理部门不依法履行职责，有下列行为之一的，对直接负责的主管人员和其他直接责任人员依法给予行政处分；构成犯罪的，依法追究刑事责任：

（一）对不符合法定条件的申请人给予港口经营许可的；

（二）发现取得经营许可的港口经营人不再具备法定许可条件而不及时吊销许可证的；

（三）不依法履行监督检查职责，对未经依法许可从事港口经营的行为，不遵守安全生产管理规定的行为，危及港口作业安全的行为，以及其他违反本法规定的行为，不依法予以查处的。

第四十四条　港口行政管理部门违法干预港口经营人的经营自主权的，由其上级行政机关或者监察机关责令改正。向港口经营人摊派财物或者违法收取费用的，责令退回；情节严重的，对直接负责的主管人员和其他直接责任人员依法给予行政处分。

第六章　附　则

第四十五条　《港口经营许可证》的式样由交通运输部统一规定，由省级交通运输（港口）主管部门负责印制。

第四十六条　港口行政管理部门按照《中华人民共和国港口法》制定的港口章程应当在公布的同时送上级交通运输（港口）

主管部门和交通运输部备案。

第四十七条　港口引航适用《船舶引航管理规定》（交通部令2001年第10号）。从事危险货物港口作业的，应当同时遵守《港口危险货物安全管理规定》（交通运输部令2012年第9号）。

第四十八条　本规定自2010年3月1日起施行。2003年12月26日交通部发布的《港口经营管理规定》（交通部令2004年第4号）同时废止。

全国普法学习读本

★ ★ ★ ★ ★

经营管理法律法规学习读本
经营综合法律法规

曾 朝 主编

加大全民普法力度,建设社会主义法治文化,树立宪法法律至上、法律面前人人平等的法治理念。

——中国共产党第十九次全国代表大会《决胜全面建成小康社会 夺取新时代中国特色社会主义伟大胜利》

汕头大学出版社

图书在版编目（CIP）数据

经营综合法律法规／曾朝主编．－－汕头：汕头大学出版社，2023.4（重印）

（经营管理法律法规学习读本）

ISBN 978-7-5658-3444-8

Ⅰ．①经⋯ Ⅱ．①曾⋯ Ⅲ．①经济法-中国-学习参考资料 Ⅳ．①D922.290.4

中国版本图书馆 CIP 数据核字（2018）第 000911 号

经营综合法律法规　　JINGYING ZONGHE FALÜ FAGUI

主　　编：	曾　朝
责任编辑：	汪艳蕾
责任技编：	黄东生
封面设计：	大华文苑
出版发行：	汕头大学出版社
	广东省汕头市大学路 243 号汕头大学校园内　邮政编码：515063
电　　话：	0754-82904613
印　　刷：	三河市元兴印务有限公司
开　　本：	690mm×960mm 1/16
印　　张：	18
字　　数：	226 千字
版　　次：	2018 年 1 月第 1 版
印　　次：	2023 年 4 月第 2 次印刷
定　　价：	59.60 元（全 2 册）

ISBN 978-7-5658-3444-8

版权所有，翻版必究

如发现印装质量问题，请与承印厂联系退换

前言

习近平总书记指出:"推进全民守法,必须着力增强全民法治观念。要坚持把全民普法和守法作为依法治国的长期基础性工作,采取有力措施加强法制宣传教育。要坚持法治教育从娃娃抓起,把法治教育纳入国民教育体系和精神文明创建内容,由易到难、循序渐进不断增强青少年的规则意识。要健全公民和组织守法信用记录,完善守法诚信褒奖机制和违法失信行为惩戒机制,形成守法光荣、违法可耻的社会氛围,使遵法守法成为全体人民共同追求和自觉行动。"

中共中央、国务院曾经转发了中央宣传部、司法部关于在公民中开展法治宣传教育的规划,并发出通知,要求各地区各部门结合实际认真贯彻执行。通知指出,全民普法和守法是依法治国的长期基础性工作。深入开展法治宣传教育,是全面建成小康社会和新农村的重要保障。

普法规划指出:各地区各部门要根据实际需要,从不同群体的特点出发,因地制宜开展有特色的法治宣传教育坚持集中法治宣传教育与经常性法治宣传教育相结合,深化法律进机关、进乡村、进社区、进学校、进企业、进单位的"法律六进"主题活动,完善工作标准,建立长效机制。

特别是农业、农村和农民问题,始终是关系党和人民事业发展的全局性和根本性问题。党中央、国务院发布的《关于推进社会主义新农村建设的若干意见》中明确提出要"加强农村法制建设,深入开展农村普法教育,增强农民的法制观念,提高农民依法行使权利和履行义务的自觉性。"多年普法实践证明,普及法律知识,提高法制观念，增强全社会依法办事意识具有重要作用。特别是在广大农村进行普法教育，是提高全民法律素质的需要。

多年来，我国在农村实行的改革开放取得了极大成功，农村发生了翻天覆地的变化，广大农民生活水平大大得到了提高。但是，由于历史和社会等原因，现阶段我国一些地区农民文化素质还不高，不学法、不懂法、不守法现象虽然较原来有所改变，但仍有相当一部分群众的法制观念仍很淡化，不懂、不愿借助法律来保护自身权益，这就极易受到不法的侵害，或极易进行违法犯罪活动，严重阻碍了全面建成小康社会和新农村步伐。

为此，根据党和政府的指示精神以及普法规划，特别是根据广大农村农民的现状，在有关部门和专家的指导下，特别编辑了这套《全国普法学习读本》。主要包括了广大人民群众应知应懂、实际实用的法律法规。为了辅导学习，附录还收入了相应法律法规的条例准则、实施细则、解读解答、案例分析等；同时为了突出法律法规的实际实用特点，兼顾地方性和特殊性，附录还收入了部分某些地方性法律法规以及非法律法规的政策文件、管理制度、应用表格等内容，拓展了本书的知识范围，使法律法规更"接地气"，便于读者学习掌握和实际应用。

在众多法律法规中，我们通过甄别，淘汰了废止的，精选了最新的、权威的和全面的。但有部分法律法规有些条款不适应当下情况了，却没有颁布新的，我们又不能擅自改动，只得保留原有条款，但附录却有相应的补充修改意见或通知等。众多法律法规根据不同内容和受众特点，经过归类组合，优化配套。整套普法读本非常全面系统，具有很强的学习性、实用性和指导性，非常适合用于广大农村和城乡普法学习教育与实践指导。总之，是全国全民普法的良好读本。

目 录

最新经营管理法规政策

无证无照经营查处办法……………………………………（1）
经营者集中申报办法………………………………………（5）
经营者集中审查办法………………………………………（10）
关于评估经营者集中竞争影响的暂行规定 ………………（14）
关于经营者集中简易案件适用标准的暂行规定 …………（18）
国家发展和改革委员会　财政部工业和信息化部等关于
　　清理规范涉企经营服务性收费的通知 ………………（20）
国家发展改革委关于放开部分检验检测经营
　　服务收费的通知 …………………………………………（28）
附　录
　　关于加快构建政策体系培育新型农业经营主体的意见 ……（31）
　　国家林业局关于加快培育新型林业经营主体的指导意见 …（39）

生产经营单位安全培训规定

第一章　总　则 ……………………………………………（46）
第二章　主要负责人、安全生产管理人员的安全培训 ………（48）
第三章　其他从业人员的安全培训 ………………………（49）
第四章　安全培训的组织实施 ……………………………（51）
第五章　监督管理 …………………………………………（52）
第六章　罚　则 ……………………………………………（53）
第七章　附　则 ……………………………………………（54）

— 1 —

中央国有资本经营预算支出管理暂行办法

第一章 总 则 …………………………………………… (56)
第二章 支出范围 ………………………………………… (58)
第三章 预算编制和批复 ………………………………… (59)
第四章 预算执行 ………………………………………… (60)
第五章 转移支付 ………………………………………… (60)
第六章 决 算 …………………………………………… (61)
第七章 绩效管理 ………………………………………… (62)
第八章 监督检查 ………………………………………… (62)
第九章 附 则 …………………………………………… (63)
附 录
  国务院办公厅关于建立国有企业违规经营投资责任
  追究制度的意见 ……………………………………… (64)
  关于从事生产经营活动事业单位改革中国有资产管理的
  若干规定 ……………………………………………… (75)

中央企业负责人经营业绩考核办法

第一章 总 则 …………………………………………… (82)
第二章 考核导向 ………………………………………… (83)
第三章 分类考核 ………………………………………… (84)
第四章 目标管理 ………………………………………… (85)
第五章 考核实施 ………………………………………… (86)
第六章 奖 惩 …………………………………………… (88)
第七章 附 则 …………………………………………… (90)

食品经营许可管理办法

第一章 总 则 …………………………………………… (91)

目　录

第二章　申请与受理 ································ (92)
第三章　审查与决定 ································ (95)
第四章　许可证管理 ································ (96)
第五章　变更、延续、补办与注销 ············· (97)
第六章　监督检查 ·································· (100)
第七章　法律责任 ·································· (101)
第八章　附　则 ····································· (102)

附　录
　　食品生产经营日常监督检查管理办法 ············· (104)
　　食品生产经营风险分级管理办法（试行） ········ (111)
　　关于食品生产经营企业建立食品安全追溯体系的
　　　若干规定 ····································· (120)
　　总局关于推动食品药品生产经营者完善追溯体系的意见 ··· (131)
　　食品药品监管总局关于动物源性食品生产经营环节
　　　兽药残留若干管理规定的公告 ················ (134)

— 3 —

最新经营管理法规政策

无证无照经营查处办法

中华人民共和国国务院令

第 684 号

现公布《无证无照经营查处办法》,自 2017 年 10 月 1 日起施行。

总理　李克强

2017 年 8 月 6 日

第一条　为了维护社会主义市场经济秩序,促进公平竞争,保护经营者和消费者的合法权益,制定本办法。

第二条　任何单位或者个人不得违反法律、法规、国务院决定的规定,从事无证无照经营。

第三条　下列经营活动,不属于无证无照经营:

(一)在县级以上地方人民政府指定的场所和时间,销售农副产品、日常生活用品,或者个人利用自己的技能从事依法无须取得

— 1 —

许可的便民劳务活动；

（二）依照法律、行政法规、国务院决定的规定，从事无须取得许可或者办理注册登记的经营活动。

第四条 县级以上地方人民政府负责组织、协调本行政区域的无证无照经营查处工作，建立有关部门分工负责、协调配合的无证无照经营查处工作机制。

第五条 经营者未依法取得许可从事经营活动的，由法律、法规、国务院决定规定的部门予以查处；法律、法规、国务院决定没有规定或者规定不明确的，由省、自治区、直辖市人民政府确定的部门予以查处。

第六条 经营者未依法取得营业执照从事经营活动的，由履行工商行政管理职责的部门（以下称工商行政管理部门）予以查处。

第七条 经营者未依法取得许可且未依法取得营业执照从事经营活动的，依照本办法第五条的规定予以查处。

第八条 工商行政管理部门以及法律、法规、国务院决定规定的部门和省、自治区、直辖市人民政府确定的部门（以下统称查处部门）应当依法履行职责，密切协同配合，利用信息网络平台加强信息共享；发现不属于本部门查处职责的无证无照经营，应当及时通报有关部门。

第九条 任何单位或者个人有权向查处部门举报无证无照经营。

查处部门应当向社会公开受理举报的电话、信箱或者电子邮件地址，并安排人员受理举报，依法予以处理。对实名举报的，查处部门应当告知处理结果，并为举报人保密。

第十条 查处部门依法查处无证无照经营，应当坚持查处与引导相结合、处罚与教育相结合的原则，对具备办理证照的法定条件、经营者有继续经营意愿的，应当督促、引导其依法办理相应证照。

第十一条 县级以上人民政府工商行政管理部门对涉嫌无照经营进行查处，可以行使下列职权：

（一）责令停止相关经营活动；

（二）向与涉嫌无照经营有关的单位和个人调查了解有关情况；

（三）进入涉嫌从事无照经营的场所实施现场检查；

（四）查阅、复制与涉嫌无照经营有关的合同、票据、账簿以及其他有关资料。

对涉嫌从事无照经营的场所，可以予以查封；对涉嫌用于无照经营的工具、设备、原材料、产品（商品）等物品，可以予以查封、扣押。

对涉嫌无证经营进行查处，依照相关法律、法规的规定采取措施。

第十二条 从事无证经营的，由查处部门依照相关法律、法规的规定予以处罚。

第十三条 从事无照经营的，由工商行政管理部门依照相关法律、行政法规的规定予以处罚。法律、行政法规对无照经营的处罚没有明确规定的，由工商行政管理部门责令停止违法行为，没收违法所得，并处1万元以下的罚款。

第十四条 明知属于无照经营而为经营者提供经营场所，或者提供运输、保管、仓储等条件的，由工商行政管理部门责令停止违法行为，没收违法所得，可以处5000元以下的罚款。

第十五条 任何单位或者个人从事无证无照经营的，由查处部门记入信用记录，并依照相关法律、法规的规定予以公示。

第十六条 妨害查处部门查处无证无照经营，构成违反治安管理行为的，由公安机关依照《中华人民共和国治安管理处罚法》的规定予以处罚。

第十七条 查处部门及其工作人员滥用职权、玩忽职守、徇私舞弊的,对负有责任的领导人员和直接责任人员依法给予处分。

第十八条 违反本办法规定,构成犯罪的,依法追究刑事责任。

第十九条 本办法自2017年10月1日起施行。2003年1月6日国务院公布的《无照经营查处取缔办法》同时废止。

经营者集中申报办法

中华人民共和国商务部令

2009 年第 11 号

《经营者集中申报办法》已经 2009 年 7 月 15 日商务部第 26 次部务会议审议通过，现予公布，自 2010 年 1 月 1 日起施行。

商务部部长
二○○九年十一月二十一日

第一条 为规范经营者集中申报和反垄断执法机构受理申报，根据《中华人民共和国反垄断法》（以下简称《反垄断法》）和《国务院关于经营者集中申报标准的规定》（以下简称《规定》），制定本办法。

第二条 商务部是经营者集中反垄断审查执法机构，承担受理和审查经营者集中申报的具体执法工作。

第三条 本办法所称经营者集中，系指《反垄断法》第二十条所规定的下列情形：

（一）经营者合并；

（二）经营者通过取得股权或者资产的方式取得对其他经营者的控制权；

（三）经营者通过合同等方式取得对其他经营者的控制权或者能够对其他经营者施加决定性影响。

第四条 营业额包括相关经营者上一会计年度内销售产品和提

供服务所获得的收入，扣除相关税金及其附加。

《规定》第三条所称"在中国境内"是指经营者提供产品或服务的买方所在地在中国境内。

第五条 参与集中的单个经营者的营业额应当为下述经营者的营业额总和：

（一）该单个经营者；

（二）第（一）项所指经营者直接或间接控制的其他经营者；

（三）直接或间接控制第（一）项所指经营者的其他经营者；

（四）第（三）项所指经营者直接或间接控制的其他经营者；

（五）第（一）至（四）项所指经营者中两个或两个以上经营者共同控制的其他经营者。

参与集中的单个经营者的营业额不包括上述（一）至（五）项所列经营者之间发生的营业额。

如果参与集中的单个经营者之间或者参与集中的单个经营者和未参与集中的经营者之间有共同控制的其他经营者，参与集中的单个经营者的营业额应当包括被共同控制的经营者与第三方经营者之间的营业额，且此营业额只计算一次。

第六条 如果参与集中的单个经营者之间有共同控制的其他经营者，则参与集中的所有经营者的合计营业额不应包括被共同控制的经营者与任何一个共同控制他的参与集中的经营者，或与后者有控制关系的经营者之间发生的营业额。

第七条 在一项经营者集中包括收购一个或多个经营者的一部分时：

（一）对于卖方而言，只计算集中涉及部分的营业额；

（二）相同经营者之间在两年内多次实施的未达到《规定》第三条规定的申报标准的经营者集中，应当视为一次集中交易，集中发生时间从最后一次交易算起，该经营者集中的营业额应当将多次交易合并计算。经营者通过与其有控制关系的其他经营者实施的上述行为，依照本项规定处理。

前款第（二）项所称"两年内"是指从第一次集中交易完成之日起至最后一次集中交易签订协议之日止的期间。

第八条 在正式申报前，参与集中的经营者可以就集中申报的相关问题向商务部申请商谈。商谈申请应当以书面方式提出。

第九条 通过合并方式实施的经营者集中，由参与合并的各方经营者申报；其他方式的经营者集中，由取得控制权或能够施加决定性影响的经营者申报，其他经营者予以配合。

申报义务人未进行集中申报的，其他参与集中的经营者可以提出申报。

申报义务人可以自行申报，也可以依法委托他人代理申报。

第十条 申报文件、材料应当包括如下内容：

（一）申报书。申报书应当载明参与集中的经营者的名称、住所、经营范围、预定实施集中的日期。申报人的身份证明或注册登记证明，境外申报人还须提交当地公证机关的公证文件和相关的认证文件。委托代理人申报的，应当提交经申报人签字的授权委托书。

（二）集中对相关市场竞争状况影响的说明。具体包括：集中交易概况；相关市场界定；参与集中的经营者在相关市场的市场份额及其对市场的控制力；主要竞争者及其市场份额；市场集中度；市场进入；行业发展现状；集中对市场竞争结构、行业发展、技术进步、国民经济发展、消费者以及其他经营者的影响；集中对相关市场竞争影响的效果评估及依据。

（三）集中协议及相关文件。具体包括：各种形式的集中协议文件，如协议书、合同以及相应的补充文件等。

（四）参与集中的经营者经会计师事务所审计的上一会计年度

财务会计报告。

（五）商务部要求提交的其他文件、资料。

第十一条 除本规定第十条要求提供的文件、资料外，申报人可以自愿提供有助于商务部对该集中进行审查和做出决定的其他文件、资料，如地方人民政府和主管部门等有关方面的意见，支持集中协议的各类报告等。

第十二条 申报人提交纸质申报文件、资料的同时，应当提交内容相同的光盘电子文档。申报文件、资料应当合理编排以方便查阅。

申报人应当提交中文撰写的文件、资料。文件、资料的原件是外文书写的，应当提交中文翻译件并附外文原件。文件、资料为副本、复印件或传真件的，应当根据商务部的要求出示原件供验证。

申报人应当同时提交申报文件、资料的公开版本和保密版本。申报人应当对申报文件、资料中的商业秘密和其他需要保密的信息进行标注。

第十三条 申报人应当提交完备的文件、资料，商务部应对申报人提交的文件、资料进行核查。商务部发现申报的文件、资料不完备的，可以要求申报人在规定期限内补交。申报人逾期未补交的，视为未申报。

第十四条 商务部经核查认为申报文件、资料符合法定要求的，应当自收到完备的申报文件、资料之日予以立案并书面通知申报人。

第十五条 申报人故意隐瞒重要情况或者提供虚假信息的，商务部不予立案。

第十六条 经营者集中未达到《规定》第三条规定的申报标准，参与集中的经营者自愿提出经营者集中申报，商务部收到申报文件、资料后经审查认为有必要立案的,应当按照《反垄断法》的规定进行立案审查并作出决定。

在前款所述申报和立案审查期间,参与集中的经营者可以自行决定是否暂停实施其集中交易,并承担相应的后果。

第十七条 商务部和申报人对在经营者集中申报前商谈和申报审查工作中知悉的商业秘密和其他需要保密的信息承担保密义务。

第十八条 本办法自 2010 年 1 月 1 日起施行。

经营者集中审查办法

中华人民共和国商务部令
2009 年第 12 号

《经营者集中审查办法》已经 2009 年 7 月 15 日商务部第 26 次部务会议审议通过，现予公布，自 2010 年 1 月 1 日起施行。

商务部部长
二〇〇九年十一月二十四日

第一条　为规范经营者集中反垄断审查工作，明确经营者集中反垄断审查程序，根据《中华人民共和国反垄断法》（以下简称《反垄断法》），制定本办法。

第二条　商务部是经营者集中反垄断审查执法机构，承担受理和审查经营者集中申报的具体执法工作。

第三条　在商务部立案之后、做出审查决定之前，申报人要求撤回经营者集中申报的，应当提交书面申请并说明理由。除放弃集中交易的情形外，申报的撤回应当经商务部同意。

撤回经营者集中申报的，审查程序终止。商务部同意撤回申报不视为对集中的批准。

第四条　在审查过程中，商务部鼓励申报人尽早主动提供有助于对经营者集中进行审查和做出决定的有关文件、资料。

第五条　在审查过程中，参与集中的经营者可以通过信函、传真等方式向商务部就有关申报事项进行书面陈述、申辩，商务部应当听取当事人的陈述和申辩。

第六条 在审查过程中,商务部可以根据需要征求有关政府部门、行业协会、经营者、消费者等单位或个人的意见。

第七条 在审查过程中,商务部可以主动或应有关方面的请求决定召开听证会,调查取证,听取有关各方的意见。商务部召开听证会,应当提前书面通知听证会参加方。听证会参加方提出书面意见的,应当在听证会举办前向商务部提交。

商务部举行听证会,可以通知参与集中的经营者及其竞争者、上下游企业及其他相关企业的代表参加,并可以酌情邀请有关专家、行业协会代表、有关政府部门的代表以及消费者代表参加。

听证会参加方应当按时出席听证会,遵守听证会程序,服从听证会主持人安排。

听证会参加方出于商业秘密等保密因素考虑,希望单独陈述的,可以安排单独听证;安排单独听证的,听证内容应当按有关保密规定处理。

第八条 听证会按照以下程序进行:

(一)听证会主持人宣布听证会开始,宣读听证会纪律;

(二)核对听证会参加方;

(三)参加方就听证内容进行陈述;

(四)听证会主持人就听证内容询问有关参加方;

(五)听证会主持人宣布听证会结束。

第九条 在初步审查阶段,商务部应当在《反垄断法》第二十五条规定的期限内做出是否实施进一步审查的决定。商务部做出不实施进一步审查决定的,应当书面通知申报人;认为有必要实施进一步审查的,应当做出实施进一步审查的决定,并书面通知申报人。

商务部做出不实施进一步审查的决定或者逾期未做出决定的,参与集中的经营者可以实施集中。

第十条 在进一步审查阶段,商务部认为经营者集中具有或者可能具有排除、限制竞争效果的,应当将其反对意见告知参与集中的经营者,并设定一个允许参与集中的经营者提交书面抗辩意见的合理期限。

参与集中的经营者的书面抗辩意见应当包括相关的事实和理由,并提供相应的证据。参与集中的经营者逾期未提交书面抗辩意见的,视为对反对意见无异议。

第十一条 在审查过程中,为消除或减少经营者集中具有或者可能具有的排除、限制竞争的效果,参与集中的经营者可以提出对集中交易方案进行调整的限制性条件。

根据经营者集中交易具体情况,限制性条件可以包括如下种类:

(一)剥离参与集中的经营者的部分资产或业务等结构性条件;

(二)参与集中的经营者开放其网络或平台等基础设施、许可关键技术(包括专利、专有技术或其他知识产权)、终止排他性协议等行为性条件;

(三)结构性条件和行为性条件相结合的综合性条件。

第十二条 参与集中的经营者提出的限制性条件应当能够消除或减少经营者集中具有或者可能具有的排除、限制竞争效果,并具有现实的可操作性。限制性条件的书面文本应当清晰明确,以便于能够充分评价其有效性和可行性。

第十三条 在审查过程中,为消除或减少经营者集中具有或者可能具有的排除、限制竞争效果,商务部和参与集中的经营者均可以提出对限制性条件进行修改的意见和建议。

第十四条 商务部应当在《反垄断法》第二十六条规定的期限内做出禁止或不予禁止经营者集中的决定,并书面通知申报人。对不予禁止的经营者集中,商务部可以决定附加减少集中对竞争产生不利影响的限制性条件。商务部做出进一步审查决定前,参与集中的经营者不得实施集中。

商务部做出对经营者集中不予禁止的决定或逾期未做出决定

的，参与集中的经营者可以实施集中。

第十五条 对于附加限制性条件批准的经营者集中，商务部应当对参与集中的经营者履行限制性条件的行为进行监督检查，参与集中的经营者应当按指定期限向商务部报告限制性条件的执行情况。

参与集中的经营者未依限制性条件履行规定义务的，商务部可以责令其限期改正；参与集中的经营者在规定期限内未改正的，商务部可以依照《反垄断法》相关规定予以处理。

第十六条 商务部、申报人以及其他单位和个人对于在经营者集中审查中知悉的商业秘密和其他需要保密的信息承担保密义务。

第十七条 本办法自 2010 年 1 月 1 日起施行。

关于评估经营者集中竞争影响的暂行规定

中华人民共和国商务部公告
2011 年第 55 号

为规范经营者集中反垄断审查的竞争影响评估,指导经营者做好经营者集中申报工作,根据《中华人民共和国反垄断法》、《经营者集中申报办法》和《经营者集中审查办法》,商务部制定了《关于评估经营者集中竞争影响的暂行规定》。现予公布,自 2011 年 9 月 5 日起施行。

中华人民共和国商务部
二〇一一年八月二十九日

第一条 为规范经营者集中反垄断审查工作,评估经营者集中的竞争影响,指导经营者做好经营者集中申报工作,根据《中华人民共和国反垄断法》,制定本规定。

第二条 商务部依法对经营者集中行为进行反垄断审查。

第三条 审查经营者集中,根据个案具体情况和特点,综合考虑下列因素:

(一)参与集中的经营者在相关市场的市场份额及其对市场的控制力;

(二)相关市场的市场集中度;

(三)经营者集中对市场进入、技术进步的影响;

(四)经营者集中对消费者和其他相关经营者的影响;

(五)经营者集中对国民经济发展的影响;

(六)应当考虑的影响市场竞争的其他因素。

第四条 评估经营者集中对竞争产生不利影响的可能性时，首先考察集中是否产生或加强了某一经营者单独排除、限制竞争的能力、动机及其可能性。

当集中所涉及的相关市场中有少数几家经营者时，还应考察集中是否产生或加强了相关经营者共同排除、限制竞争的能力、动机及其可能性。

当参与集中的经营者不属于同一相关市场的实际或潜在竞争者时，重点考察集中在上下游市场或关联市场是否具有或可能具有排除、限制竞争效果。

第五条 市场份额是分析相关市场结构、经营者及其竞争者在相关市场中地位的重要因素。市场份额直接反映了相关市场结构、经营者及其竞争者在相关市场中的地位。

判断参与集中的经营者是否取得或增加市场控制力时，综合考虑下列因素：

（一）参与集中的经营者在相关市场的市场份额，以及相关市场的竞争状况；

（二）参与集中的经营者产品或服务的替代程度；

（三）集中所涉相关市场内未参与集中的经营者的生产能力，以及其产品或服务与参与集中经营者产品或服务的替代程度；

（四）参与集中的经营者控制销售市场或者原材料采购市场的能力；

（五）参与集中的经营者商品购买方转换供应商的能力；

（六）参与集中的经营者的财力和技术条件；

（七）参与集中的经营者的下游客户的购买能力；

（八）应当考虑的其他因素。

第六条 市场集中度是对相关市场的结构所作的一种描述，体现相关市场内经营者的集中程度，通常可用赫芬达尔-赫希曼指数（HHI指数，以下简称赫氏指数）和行业前N家企业联合市场份额

(CRn指数，以下简称行业集中度指数）来衡量。赫氏指数等于集中所涉相关市场中每个经营者市场份额的平方之和。行业集中度指数等于集中所涉相关市场中前 N 家经营者市场份额之和。

市场集中度是评估经营者集中竞争影响时应考虑的重要因素之一。通常情况下，相关市场的市场集中度越高，集中后市场集中度的增量越大，集中产生排除、限制竞争效果的可能性越大。

第七条 经营者集中可能提高相关市场的进入壁垒，集中后经营者可行使其通过集中而取得或增强的市场控制力，通过控制生产要素、销售渠道、技术优势、关键设施等方式，使其他经营者进入相关市场更加困难。

评估经营者集中竞争影响时，可考察潜在竞争者进入的抵消效果。

如果集中所涉及的相关市场进入非常容易，未参与集中的经营者能够对集中交易方的排除、限制竞争行为作出反应，并发挥遏制作用。

判断市场进入的难易程度，需全面考虑进入的可能性、及时性和充分性。

第八条 经营者通过集中，可更好地整合技术研发的资源和力量，对技术进步产生积极影响，抵消集中对竞争产生的不利影响，并且技术进步所产生的积极影响有助于增进消费者利益。

集中也可能通过以下方式对技术进步产生消极影响：减弱参与集中的经营者的竞争压力，降低其科技创新的动力和投入；参与集中的经营者也可通过集中提高其市场控制力，阻碍其他经营者对相关技术的投入、研发和利用。

第九条 经营者集中可提高经济效率、实现规模经济效应和范围经济效应、降低产品成本和提高产品多样化，从而对消费者利益产生积极影响。

集中也可能提高参与集中经营者的市场控制力，增强其采取排除、限制竞争行为的能力，使其更有可能通过提高价格、降低质量、限制产销量、减少科技研发投资等方式损害消费者利益。

第十条 经营者集中可能提高相关市场经营者的竞争压力，有利于促使其他经营者提高产品质量，降低产品价格，增进消费者利益。

凭借通过集中而取得或增强的市场控制力，参与集中经营者可能通过实施某些经营策略或手段，限制未参与集中经营者扩大经营规模或削弱其竞争能力，从而减少相关市场的竞争，也可能对其上下游市场或关联市场竞争产生排除、限制竞争效果。

第十一条 经营者集中有助于扩大经营规模，增强市场竞争力，从而提高经济效率，促进国民经济发展。

在特定情况下，经营者集中也可能破坏相关市场的有效竞争和相关行业的健康发展，对国民经济造成不利影响。

第十二条 评估经营者集中时，除考虑上述因素，还需综合考虑集中对公共利益的影响、集中对经济效率的影响、参与集中的经营者是否为濒临破产的企业、是否存在抵消性买方力量等因素。

第十三条 经营者集中具有或者可能具有排除、限制竞争效果的，商务部应当作出禁止经营者集中的决定。但是，经营者能够证明该集中对竞争产生的有利影响明显大于不利影响，或者符合社会公共利益的，商务部可以作出对经营者集中不予禁止的决定。

对于不予禁止的经营者集中，商务部可以决定附加减少集中对竞争产生不利影响的限制性条件。

第十四条 本暂行规定自2011年9月5日起施行。

关于经营者集中简易案件适用标准的暂行规定

中华人民共和国商务部公告

2014年第12号

为了明确经营者集中简易案件的适用标准,根据《中华人民共和国反垄断法》,商务部制定了《关于经营者集中简易案件适用标准的暂行规定》。现予公布,自2014年2月12日起施行。

中华人民共和国商务部

2014年2月11日

第一条 为了明确经营者集中简易案件的适用标准,根据《中华人民共和国反垄断法》(以下简称《反垄断法》)及有关规定,制定本规定。

第二条 符合下列情形的经营者集中案件,为简易案件:

(一)在同一相关市场,所有参与集中的经营者所占的市场份额之和小于15%;

(二)存在上下游关系的参与集中的经营者,在上下游市场所占的份额均小于25%;

(三)不在同一相关市场、也不存在上下游关系的参与集中的经营者,在与交易有关的每个市场所占的份额均小于25%;

(四)参与集中的经营者在中国境外设立合营企业,合营企业不在中国境内从事经济活动;

(五)参与集中的经营者收购境外企业股权或资产的,该境外企业不在中国境内从事经济活动；

（六）由两个以上经营者共同控制的合营企业，通过集中被其中一个或一个以上经营者控制。

第三条　符合本规定第二条但存在下列情形的经营者集中案件，不视为简易案件：

（一）由两个以上经营者共同控制的合营企业，通过集中被其中的一个经营者控制，该经营者与合营企业属于同一相关市场的竞争者；

（二）经营者集中涉及的相关市场难以界定；

（三）经营者集中对市场进入、技术进步可能产生不利影响；

（四）经营者集中对消费者和其他有关经营者可能产生不利影响；

（五）经营者集中对国民经济发展可能产生不利影响；

（六）商务部认为可能对市场竞争产生不利影响的其他情形。

第四条　符合下列情形的经营者集中案件，商务部可以撤销对简易案件的认定：

（一）申报人隐瞒重要情况或者提供虚假材料、误导性信息；

（二）第三方主张经营者集中具有或可能具有排除、限制竞争效果并提供相关证据；

（三）商务部发现集中交易情况或相关市场竞争状况发生重大变化。

第五条　本规定由商务部负责解释。

第六条　本规定自2014年2月12日起施行。

国家发展和改革委员会 财政部 工业和信息化部等关于清理规范 涉企经营服务性收费的通知

发改价格〔2017〕790号

各省、自治区、直辖市人民政府，国务院各部门、各直属机构，中国铁路总公司：

大力清理和规范涉企收费，优化实体经济发展环境，是贯彻稳中求进工作总基调、推进供给侧结构性改革的重要举措，是深化简政放权的关键内容。党中央、国务院高度重视清理规范涉企收费工作，中央经济工作会议和2017年政府工作报告作了明确部署。近年来，各地区、各部门通过采取取消收费项目、降低收费标准、规范收费行为等措施，在减轻企业收费负担方面取得了积极成效，但目前收费名目较多、乱收费等问题依然突出，亟需通过清理规范，进一步加强涉企收费管理，切实减轻企业负担。经国务院同意，现就清理规范涉企经营服务性收费有关事项通知如下：

一、清理规范的目标

围绕当前涉企收费存在的突出问题，按照摸清底数、突出重点、分类规范、创新制度、部门协同、强化监管的原则，通过放开一批、取消一批、降低一批、规范一批，落实出台的惠企政策措施，取消不合理收费项目，降低偏高的收费标准。坚决杜绝中介机构利用政府影响违规收费，行业协会商会不得强制企业入会或违规收费。大力推进中介服务市场化改革，有序放开竞争性服务和收费。全面建立健全涉企收费目录清单制度，完善收费监管规则，推出一批制度性、管长远、见实效的清费举措，切实降低实体经济运行成本和制度性交易成本,减轻企业实际负担。

二、清理规范的范围

对以企业为缴费主体的各类经营服务性收费进行清理规范,重点是行政审批前置中介服务收费(政府部门开展行政审批时,要求申请人委托中介服务机构开展的作为行政审批受理条件的有偿服务,具体包括各类技术审查、论证、评估、评价、检验、检测、鉴证、鉴定、证明、咨询、试验等),以及行业协会商会收费。

三、清理规范的措施

(一)大幅减少政府定价管理的涉企经营服务性收费

按照深化"放管服"改革的要求,全面梳理政府定价目录内各项涉企经营服务性收费,进一步减少包括中介服务在内的政府定价经营服务性收费项目,已明确取消的行政审批前置中介服务事项,其收费不得实行政府定价管理,取消不合理收费项目,放开具备竞争条件的涉企经营服务政府定价,降低部分保留项目的收费标准(国务院有关部门、省级人民政府按职责分工)。放开国内客运和旅游船舶港口作业费,实行市场调节价(交通运输部、国家发展改革委)。放开机场休息室、办公室、柜台出租等部分非航空性业务重要服务收费,放开一类机场内地航空公司内地航班地面服务收费(民航局)。放开公民身份认证服务收费(国家发展改革委、公安部)。优化电信网、互联网网间结算价格政策(工业和信息化部)。通过激发市场活力、促进市场竞争减轻企业负担,同步加强事中事后监管(国务院有关部门、省级人民政府按职责分工)。

(二)全面清理取消违规中介服务收费

进一步落实《国务院办公厅关于清理规范国务院部门行政审批中介服务的通知》(国办发〔2015〕31号)要求,各地区、各有关部门根据行政审批前置中介服务事项目录清单对本领域中介服务收费进行清查(国务院有关部门、省级人民政府按职责分工)。公布国务院有关部门行政审批前置中介服务事项目录清单,未纳入目录清单的一律不得再作为行政审批的受理条件（国务院审改办）。各地区应加快清理进度，尚未公布行政审批前置中介服务事项目录清单的要尽快公布，取消不合法不合理的行政审批中介服务事项（省级人民政府）。审批部门在审批过程中委托开展的技术性服务活动，必须通过竞争方式选择服务机构，服务费用一律由审批部门支付并纳入部门预算（国务院有关部门、省级人民政府按职责分工）。

政府有关部门建设的提供公共服务的各类电子政务平台应免费向企业和社会开放，不得利用电子政务平台从事商业活动；利用电子政务平台向社会提供公共服务过程中，需引入第三方电子认证服务的，不得参与电子认证服务经营或收取费用，不得强制要求企业购买第三方电子认证服务；利用电子政务平台提供政府公开信息和办理有关业务，不得以技术维护费、服务费、电子介质成本费等名义收取经营服务性费用（国务院有关部门、省级人民政府按职责分工）。

（三）深入清理重点领域和环节涉企经营服务性收费

清理规范金融领域收费。取消商业银行收取的个人异地本行柜台取现手续费；暂停收取本票、汇票的手续费、挂失费、工本费；扩大商业银行本行唯一账户管理费（含小额账户管理费）和年费免费范围，将原来需客户申请改为银行主动免费。深入挖掘向企业减费让利潜力。进一步加大对银行收费行为的现场检查力度，严肃处理问责（银监会、国家发展改革委按职责分工）。落实银行卡刷卡手续费降费政策（国家发展改革委、人民银行）。

清理规范涉及铁路货运收费。重点清理地方行政部门或事业单位在铁路货物运输、专用线经营上的违规收费，规范铁路运输企业、专用线产权或经营单位收费（省级人民政府、中国铁路总公司按职责分工）。

清理规范进出口环节收费。将货物港务费整合并入港口建设费，按政府性基金管理（财政部、交通运输部、国家发展改革委）。修订《港口收费计费办法》，改变拖轮费计费方式，由按拖轮马力收费改为按被拖船舶大小收费（交通运输部、国家发展改革委）。对进出口环节涉嫌滥用市场支配地位行为开展反垄断执法调查，规范收费行为（国家发展改革委）。进一步放开海关电子口岸安全产品生产市场，通过促进竞争降低服务价格（海关总署）。

清理规范检验检疫检测相关收费。取消检验检疫电子报检平台收费，降低部分中央单位的检疫处理、认证认可、条形码维护、特种设备检测等收费，降低手机相关行政许可前置检测等收费（质检总局、工业和信息化部按职责分工）。

清理规范人才流动等环节收费。落实《财政部 国家发展改革委关于取消 停征和免征一批行政事业性收费的通知》（财税〔2014〕101号）规定，督促有关单位落实取消保存人事关系及档案费等政策，规范人才招聘、评价等环节收费，相应降低人才流动成本和企业用人成本（人力资源社会保障部、国家发展改革委、财政部和省级人民政府按职责分工）。取消为落实国家强制性实名制要求对企业收取的公民身份认证服务收费，降低人口信息开发服务费标准（国家发展改革委、公安部）。

（四）加强市场调节类经营服务性收费监管

切实规范行业协会商会收费行为。进一步督促落实行业协会商会与行政机关脱钩的部署，优化行业协会商会结构布局（国家发展改革委、民政部）。行业协会商会一律不得利用主管部门有关规定强制企业入会，不得利用行业影响力以评比表彰、评审达标等方式违规收费。会费档次较多、标准过高的，要调整会费档次、降低会费标准，鼓励会费结余较多的行业协会商会主动减免会员企业会费（民政部负责已脱钩全国性行业协会商会，国务院有关部门负责本系统未脱钩全国性行业协会商会，省级人民政府负责本地区行业协会商会）。对行业协会商会除会费外的其他收费进行审核，取消违规收费项目、降低不合理收费标准（国家发展改革委、财政部、民政部和省级人民政府按职责分工）。

完善涉企收费目录清单和集中公示制度。全面建立政府定价管理的收费目录清单制度，清单外收费一律不得实行政府定价，实施清单动态调整机制（国家发展改革委、省级人民政府按职责分工）。通过门户网站集中公示行业协会商会会费和其他收费的项目和标准，增加政策透明度，接受社会监督（民政部负责已脱钩全国性行业协会商会，国务院有关部门负责本系统未脱钩全国性行业协会商会，省级人民政府负责本地区行业协会商会）。

加强对实行市场调节价的经营服务性收费监管。实行市场调节价的经营服务性收费，要严格落实价格法律法规和相关规定，按照公平、合法、诚实守信的原则确定收费标准，为委托人提供质价相符的服务，不得在价外或合同外加收任何费用，切实维护公平竞争的市场环境（国务院有关部门、省级人民政府按职责分工）。各地区、各有关部门要加强对企事业单位经营服务行为监管，督促其严格成本管理，取消不合理的收费项目，降低收费偏高、盈利较多项目的收费标准（国务院有关部门、省级人民政府按职责分工）。对收费标准较高、企业反映较多的收费单位，价格主管部门要加强监督检查，引导收费单位规范自身行为（国家发展改革委、省级人民政府按职责分工）。

四、清理规范的步骤

涉企经营服务性收费清理规范工作，要坚持清理与规范相结合，坚持清理与减负相结合，坚持清理与查处相结合，通过全面清理规范，切实减轻企业负担。具体工作分三个阶段进行：

（一）自查自清阶段（6月底前）

国务院各部门对所属单位涉企经营服务性收费进行自查。民政部组织已脱钩的全国性行业协会商会进行自查，国务院其他有关部门对本系统尚未脱钩的全国性行业协会商会进行自查。查清涉企经营服务、行业协会商会收费项目、标准、范围、数额和依据，提出取消收费项目、降低收费标准及规范管理的意见。有关情况以及《国务院部门所属单位涉企中介服务收费清查情况表》（附件1）、

《全国性和跨省区行业协会商会涉企收费清查情况表》（附件2），于6月底前报送国家发展改革委、财政部、工业和信息化部、民政部、审计署（国务院有关部门按职责分工）。各省、自治区、直辖市人民政府要按照国务院办公厅有关通知要求，对本地区涉企经营服务性收费、行业协会商会收费等进行自查自清（省级人民政府）。

（二）集中审查阶段（8月底前）

国家发展改革委、财政部、工业和信息化部、民政部对国务院有关部门和各省、自治区、直辖市自查自清结果以及提出的意见进行审查（国家发展改革委、财政部、工业和信息化部、民政部按职责分工）。国务院有关部门和各省、自治区、直辖市人民政府根据审查结果，抓紧组织落实，取消不合法不合理收费项目，降低偏高收费标准，落实规范管理措施（国务院有关部门、省级人民政府按职责分工）。

（三）重点检查阶段（8月底前）

结合自查自清情况，国家发展改革委、省级人民政府按照"双随机、一公开"原则，对行政审批中介服务、行业协会商会、进出口环节、电子政务平台等涉企收费开展全面检查，对违规涉企收费问题严肃处理，公开曝光典型案件，并追究有关责任人员的责任（国家发展改革委、省级人民政府按职责分工）。

五、清理规范的组织实施

（一）加强组织领导

国家发展改革委、财政部、工业和信息化部、民政部会同有关部门建立联合工作机制，共同部署在全国范围内对涉企经营服务和行业协会商会收费进行清理规范工作，加强政策指导、统筹协调和督促检查（国家发展改革委、财政部、工业和信息化部、民政部）。各省、自治区、直辖市人民政府相应建立联合工作机制，统筹落实本地区清理规范的具体工作（省级人民政府）。各地区、各有关部门要高度重视涉企经营服务和行业协会商会收费清理规范工作，统一思想、提高认识、细化要求、落实责任、加强衔接、相互配合，确保清理规范工作顺利开展（国务院有关部门、省级人民政府按职责分工）。

（二）抓好工作落实

各地区、各有关部门要以更大决心进一步清理规范涉企收费工作，狠抓落实，明确工作时间和任务，做到事事有人管、件件有人抓，稳步有序推进，确保各项政策措施落地生根，务求取得实效。对不按要求落实清理规范工作，不如实自查自清及隐瞒不报的，要严肃追究责任（国务院有关部门、省级人民政府按职责分工）。国家发展改革委、财政部、工业和信息化部、民政部、审计署将组成联合督导组，对各地区、各部门自查自清和整改落实情况进行督导抽查。同时将其作为2017年全国减轻企业负担专项督查重点内容进行检查（国家发展改革委、财政部、工业和信息化部、民政部、审计署）。各省、自治区、直辖市人民政府要选择重点地区、部门进行督导抽查，并对违规收费典型案例及深层次的体制机制问题深入分析，研究提出从根本上规范涉企收费行为、减轻企业负担的政策措施建议（省级人民政府）。

（三）加强舆论引导

各地区、各有关部门要加强与媒体沟通，准确解读清理规范涉企经营服务和行业协会商会收费的政策要求，主动宣传政府出台的各项惠企收费政策和清理规范取得的成效，让企业和社会便捷知晓政策，享受政策实惠，增强政策获得感。要及时解答和回应社会关注，做好舆论引导，凝聚社会共识，营造良好氛围（国务院有关部门、省级人民政府按职责分工）。

（四）全面总结评估

国务院各有关部门要对本部门的涉企经营服务、行业协会商会收费清理规范情况全面总结评估，于8月底前将取消项目、降低标准、放开政府定价项目、涉及收费金额等情况形成书面材料，连同《涉企中介服务收费清理规范情况汇总表》（附件3）、《行业协会商会收费清理规范情况汇总表》（附件4），报送国家发展改革委、财政部、工业和信息化部、民政部（国务院有关部门）。各省、自治区、直辖市人民政府按照国务院办公厅有关通知要求报送材料，并另行填报附件3、附件4报送国家发展改革委、财政部、工业和信息化部、民政部（省级人民政府）。国家发展改革委、财政部、工业和信息化部、民政部抓紧将涉企经营服务和行业协会商会收费清理规范情况汇总上报国务院（国家发展改革委、财政部、工业和信息化部、民政部）。

附件：1. 国务院部门所属单位涉企中介服务收费清查情况表（略）
2. 全国性和跨省区行业协会商会涉企收费清查情况表（略）
3. 涉企中介服务收费清理规范情况汇总表（略）
4. 行业协会商会收费清理规范情况汇总表（略）

国家发展改革委

财政部

工业和信息化部

民政部

2017年4月25日

国家发展改革委关于放开部分检验检测经营服务收费的通知

发改价格〔2015〕1299号

工业和信息化部、交通运输部、国家质量监督检验检疫总局、国家认证认可监督管理委员会：

为认真贯彻党的十八届三中、四中全会精神，落实国务院第69次常务会议部署，充分发挥市场在资源配置中的决定性作用，决定放开原实行政府定价或政府指导价管理的检验检测等9项经营服务收费。现就有关事项通知如下：

一、放开以下9项经营服务收费，改由相关专业服务机构依据《价格法》等法律法规和本通知要求，制定相关收费标准。

（一）无线电设备型号核准认证检测费。国家无线电监测中心检测中心等12家检测机构，开展无线电设备发射特性核准检测时，收取的无线电设备型号核准认证检测费。

（二）手机检测费。工业和信息化部、国家认证认可监督管理委员会依法设置和经授权的检测机构，开展涉及手机型号核准、进网许可和3C认证的检验检测时，向委托人收取的费用。

（三）船舶及船用产品检验费。中国船级社对在中国登记或者拟在中国登记的入级船舶、海上设施、船运货物集装箱及其相应的材料、产品和设备进行检验并签发证书，以及根据船东申请进行的公证检验，收取的船舶检验费。

（四）国家级特种设备检验检测费。中国特种设备检测研究院、国家起重运输机械质量监督检验中心、国家客运架空索道安全监督检验中心、国家电梯质量监督检验中心、国家工程机械质量监督检验中心等国家级特种设备检验检测机构，承担与特种设备相关的检验检测、鉴定评审、商业性自愿委托技术服务等收取的费用。

（五）条形码服务费。中国物品编码中心对申请使用条形码的企业收取的申请使用条形码加入费、条形码胶片研制费、条形码系统维护费。

（六）经营服务性检验检疫费。出入境检验检疫机构开展出入境检疫处理（含消毒、除虫、除鼠、除害等）、非法定预防接种和体检、动物免疫接种，以及商业性自愿委托检验检测、鉴定等服务收取的费用。

（七）计量校准和测试费。中国计量科学研究院、中国测试技术研究院、大区国家计量测试中心和国家专业计量站及分站等国家级计量检定机构对计量器具开展计量校准和测试技术服务收取的费用。

（八）认可收费。中国合格评定国家认可中心开展对产品认证机构、实验室（检查机构）和认证培训机构的认可工作，向申请机构收取的认可费，包括申请费、评审费、审定与注册费和年金；中国认证认可协会开展对认证人员的考核、注册以及对认证培训机构的培训课程确认工作，收取的考核费、注册费以及培训课程确认费。

（九）强制性产品认证费。强制性产品认证机构、实验室和强制性产品认证标志发放管理机构开展强制性产品认证时收取的申请费、产品检测费、工厂审查费、批准与注册费、监督复查费、年金、认证标志费。

二、各专业服务机构应当严格按照有关规定，公示服务项目、服务内容等信息，不得在标价之外或者合同约定价格之外加收其他费用。相关机构应健全内部价格管理制度，规范自身定价行为；应当建立科学有效的管理体系，减少中间环节，降低服务成本，提高服务质量。

三、相关行业主管部门要加强行业监管和指导，完善执业规范，指导专业服务机构加强自律，严格执行价格政策，促进行业健康可持续发展。国家发展改革委将会同行业主管部门，适时组织第三方机构，对上述专业服务机构收费情况进行评估，提出进一步完善定价机制的意见和建议。对评估过程中发现的违反价格法律法规、以及乱涨价、乱收费等问题，将提交价格监督检查部门按照有关规定进行处罚，维护正常的市场价格秩序，促进公平竞争，保障市场主体的合法价格权益。

  上述规定自2015年8月1日起执行。《国家发展改革委关于重新核定条形码服务费收费标准及有关问题的通知》（发改价格〔2012〕3909号）有效期延至2015年7月31日，有效期满后，自行废止。《国家发展改革委关于规范和降低手机检测收费有关问题的通知》（发改价格〔2011〕890号）、《国家计委关于无线电设备型号认证检测收费有关问题的通知》（计价格〔2003〕345号）、《国家计委办公厅关于修订中国船级社检验计费规定的通知》（计办价格〔2001〕1286号）、《国家发展改革委关于重新核定认证人员考核注册培训等收费标准及有关问题的通知》（发改价格〔2012〕3903号）、《国家发展改革委关于调整认可收费标准及有关问题的通知》（发改价格〔2012〕3904号）、《国家发展改革委关于重新制定强制性产品认证收费标准的通知》（发改价格〔2009〕1034号）、《国家发展改革委关于印发〈强制性产品认证检测收费标准（试行）的通知〉》（发改价格〔2006〕1979号）、《国家发展改革委关于强制性产品认证计费人日数及有关问题的通知》（发改价格〔2009〕3342号）、《国家发展改革委办公厅关于认证人员收费有关问题的复函》（发改办价格〔2006〕1518号），以及其他与本通知规定不符的规定，自本通知执行之日起同时废止。

国家发展改革委
2015年6月7日

附 录

关于加快构建政策体系培育新型农业经营主体的意见

（新华社北京2017年5月31日电，中共中央办公厅、国务院办公厅印发）

在坚持家庭承包经营基础上，培育从事农业生产和服务的新型农业经营主体是关系我国农业现代化的重大战略。加快培育新型农业经营主体，加快形成以农户家庭经营为基础、合作与联合为纽带、社会化服务为支撑的立体式复合型现代农业经营体系，对于推进农业供给侧结构性改革、引领农业适度规模经营发展、带动农民就业增收、增强农业农村发展新动能具有十分重要的意义。为加快构建政策体系，引导新型农业经营主体健康发展，现提出如下意见。

一、总体要求

（一）指导思想。全面贯彻党的十八大和十八届三中、四中、五中、六中全会精神，深入贯彻习近平总书记系列重要讲话精神和治国理政新理念新思想新战略，认真落实党中央、国务院决策部署，紧紧围绕统筹推进"五位一体"总体布局和协调推进"四个全面"战略布局，牢固树立和贯彻落实新发展理念，围绕帮助农民、提高农民、富裕农民，加快培育新型农业经营主体，综合运用多种政策工具，与农业产业政策结合、与脱贫攻坚政策结合，形成比较完备的政策扶持体系，引导新型农业经营主体提升规模经营水平、完善利益分享机制，更好发挥带动农民进入市场、增加收入、建设现代农业的引领作用。

（二）基本原则

——坚持基本制度。坚持农村土地集体所有，坚持家庭经营基础性地位。既支持新型农业经营主体发展，又不忽视普通农户尤其是贫困农户，发挥新型农业经营主体对普通农户的辐射带动作用，推进家庭经营、集体经营、合作经营、企业经营共同发展。

——坚持市场导向。发挥市场在资源配置中的决定性作用和更好发挥政府作用。运用市场的办法推进生产要素向新型农业经营主体优化配置，发挥政策引导作用，优化存量、倾斜增量，撬动更多社会资本投向农业，既扶优扶强、又不"垒大户"，既积极支持、又不搞"大呼隆"，为新型农业经营主体发展创造公平的市场环境。

——坚持因地制宜。充分发挥农民首创精神，鼓励各地积极探索，不断创新经营组织形式，不断创设扶持政策措施，重点支持新型农业经营主体发展绿色农业、生态农业、循环农业，率先实施标准化生产、品牌化营销、一二三产业融合，走产出高效、产品安全、资源节约、环境友好的发展道路。

——坚持落地见效。明确政策实施主体，健全政策执行评估机制，发挥政府督查和社会舆论监督作用，形成齐抓共促合力，确保政策措施落到实处。

（三）主要目标。到2020年，基本形成与世界贸易组织规则相衔接、与国家财力增长相适应的投入稳定增长机制和政策落实与绩效评估机制，构建框架完整、措施精准、机制有效的政策支持体系，不断提升新型农业经营主体适应市场能力和带动农民增收致富能力，进一步提高农业质量效益，促进现代农业发展。

二、发挥政策对新型农业经营主体发展的引导作用

（四）引导新型农业经营主体多元融合发展。支持发展规模适

度的农户家庭农场和种养大户。鼓励农民以土地、林权、资金、劳动、技术、产品为纽带，开展多种形式的合作与联合，积极发展生产、供销、信用"三位一体"综合合作，依法组建农民合作社联合社。支持农业产业化龙头企业和农民合作社开展农产品加工流通和社会化服务，带动农户发展规模经营。培育多元化农业服务主体，探索建立农技指导、信用评价、保险推广、产品营销于一体的公益性、综合性农业公共服务组织。大力发展农机作业、统防统治、集中育秧、加工储存等生产性服务组织。发挥供销、农垦等系统的优势，强化为农民服务。促进各类新型农业经营主体融合发展，培育和发展农业产业化联合体，鼓励建立产业协会和产业联盟。

（五）引导新型农业经营主体多路径提升规模经营水平。鼓励农民按照依法自愿有偿原则，通过流转土地经营权，提升土地适度规模经营水平。支持新型农业经营主体带动普通农户连片种植、规模饲养，并提供专业服务和生产托管等全程化服务，提升农业服务规模水平。引导新型农业经营主体集群集聚发展，参与粮食生产功能区、重要农产品生产保护区、特色农产品优势区以及现代农业产业园、农业科技园、农业产业化示范基地等建设，促进农业专业化布局、规模化生产。支持新型农业经营主体建设形成一批一村一品、一县一业等特色优势产业和乡村旅游基地，提高产业整体规模效益。

（六）引导新型农业经营主体多模式完善利益分享机制。引导和支持新型农业经营主体发展新产业新业态，扩大就业容量，吸纳农户脱贫致富。总结土地经营权入股农业产业化经营试点经验，推广"保底收益+按股分红"等模式。进一步完善订单带动、利润返还、股份合作等新型农业经营主体与农户的利益联结机制，让农民成为现代农业发展的参与者、受益者，防止被挤出、受损害。支持龙头企业与农户共同设立风险保障金。探索建立政府扶持资金既帮助新型农业经营主体提升竞争力，又增强其带动农户发展能力，让更多农户分享政策红利的有效机制。鼓励地方将新型农业经营主体带动农户数量和成效作为相关财政支农资金和项目审批、验收的重要参考依据。允许将财政资金特别是扶贫资金量化到农村集体经济组织和农户后，以自愿入股方式投入新型农业经营主体，让农户共享发展收益。

（七）引导新型农业经营主体多形式提高发展质量。鼓励农户家庭农场使用规范的生产记录和财务收支记录，提升标准化生产和经营管理水平。引导农民合作社依照章程加强民主管理、民主监督，发挥成员积极性，共同办好合作社。鼓励龙头企业通过兼并重组，建立现代企业制度，加大科技创新，优化产品结构，强化品牌建设，提升农产品质量安全水平和市场竞争力。鼓励各类社会化服务组织按照生产作业标准或服务标准，提高服务质量水平。深入推进示范家庭农场、农民合作社示范社、农业产业化示范基地、农业示范服务组织、一村一品示范村镇创建，发挥示范带动作用。

三、建立健全支持新型农业经营主体发展政策体系

（八）完善财政税收政策。加大新型农业经营主体发展支持力度，针对不同主体，综合采用直接补贴、政府购买服务、定向委托、以奖代补等方式，增强补贴政策的针对性实效性。农机具购置补贴等政策要向新型农业经营主体倾斜。支持新型农业经营主体发展加工流通、直供直销、休闲农业等，实现农村一二三产业融合发展。扩大政府购买农业公益性服务机制创新试点，支持符合条件的经营性服务组织开展公益性服务，建立健全规范程序和监督管理机制。鼓励有条件的地方通过政府购买服务，支持社会化服务组织开展农林牧渔和水利等生产性服务。支持新型农业经营主体打造服务平台，为周边农户提供公共服务。鼓励龙头企业加大研发投入，支持符合条件的龙头企业创建农业高新技术企业。支持地方扩大农产品加工企业进项税额核定扣除试点行业范围，完善农产品初加工所得税优惠目录。落实农民合作社税收优惠政策。

（九）加强基础设施建设。各级财政支持的各类小型项目，优先安排农村集体经济组织、农民合作组织等作为建设管护主体，强化农民参与和全程监督。鼓励推广政府和社会资本合作模式，支持新型农业经营主体和工商资本投资土地整治和高标准农田建设。鼓励新型农业经营主体合建或与农村集体经济组织共建仓储烘干、晾晒场、保鲜库、农机库棚等农业设施。支持龙头企业建立与加工能力相配套的原料基地。统筹规划建设农村物流设施，重点支持一村一品示范村镇和农民合作社示范社建设电商平台基础设施，逐步带动形成以县、乡、村、社为支撑的农村物流网络体系。新型农业经营主体所用生产设施、附属设施和配套设施用地，符合国家有关规定的，按农用地管理。各县（市、区、旗）根据实际情况，在年度建设用地指标中优先安排新型农业经营主体建设配套辅助设施，并按规定减免相关税费。对新型农业经营主体发展较快、用地集约且需求大的地区，适度增加年度新增建设用地指标。通过城乡建设用地增减挂钩节余的用地指标，优先支持新型农业经营主体开展生产经营。允许新型农业经营主体依法依规盘活现有农村集体建设用地发展新产业。新型农业经营主体发展农产品初加工用电执行农业生产电价。推进农业水价综合改革，建立农业用水精准补贴机制和节水奖励机制，在完善水价形成机制的基础上，对符合条件的新型农业经营主体给予奖补。

（十）改善金融信贷服务。综合运用税收、奖补等政策，鼓励金融机构创新产品和服务，加大对新型农业经营主体、农村产业融合发展的信贷支持。建立健全全国农业信贷担保体系，确保对从事粮食生产和农业适度规模经营的新型农业经营主体的农业信贷担保余额不得低于总担保规模的70%。支持龙头企业为其带动的农户、家庭农场和农民合作社提供贷款担保。有条件的地方可建立市场化林权收储机构，为林业生产贷款提供林权收储担保的机构给予风险补偿。稳步推进农村承包土地经营权和农民住房财产权抵押贷款试点，探索开展粮食生产规模经营主体营销贷款和大型农机具融资租赁试点，积极推动厂房、生产大棚、渔船、大型农机具、农田水利设施产权抵押贷款和生产订单、农业保单融资。鼓励发展新型农村合作金融，稳步扩大农民合作社内部信用合作试点。建立新型农业经营主体生产经营直报系统，点对点对接信贷、保险和补贴等服务，探索建立新型农业经营主体信用评价体系，对符合条件的灵活确定贷款期限，简化审批流程，对正常生产经营、信用等级高的可以实行贷款优先等措施。积极引导互联网金融、产业资本依法依规开展农村金融服务。

（十一）扩大保险支持范围。鼓励地方建立政府相关部门与农业保险机构数据共享机制。在粮食主产省开展适度规模经营农户大灾保险试点，调整部分财政救灾资金予以支持，提高保险覆盖面和理赔标准。落实农业保险保额覆盖直接物化成本，创新"基本险+附加险"产品，实现主要粮食作物保障水平涵盖地租成本和劳动力成本。推广农房、农机具、设施农业、渔业、制种保险等业务。积极开展天气指数保险、农产品价格和收入保险、"保险+期货"、农田水利设施保险、贷款保证保险等试点。研究出台对地方特色优势农产品保险的中央财政以奖代补政策。逐步建立专业化农业保险机构队伍，提高保险机构为农服务水平，简化业务流程，搞好理赔服务。支持保险机构对龙头企业到海外投资农业提供投融资保险服务。扩大保险资金支农融资试点。稳步开展农民互助合作保险试点，鼓励有条件的地方积极探索符合实际的互助合作保险模式。完善农业再保险体系和大灾风险分散机制，为农业保险提供持续稳定的再保险保障。

（十二）鼓励拓展营销市场。支持新型农业经营主体参与产销对接活动和在城市社区设立直销店（点）。落实鲜活农产品运输绿色通道、免征蔬菜流通环节增值税和支持批发市场建设等政策。鼓励有条件的地方对新型农业经营主体申请并获得专利、"三品一标"

认证、品牌创建等给予适当奖励。加快实施"互联网+"现代农业行动,支持新型农业经营主体带动农户应用农业物联网和电子商务。采取降低入场费用和促销费用等措施,支持新型农业经营主体入驻电子商务平台。实施信息进村入户入社工程,建立农业信息监测分析预警体系,为新型农业经营主体提供市场信息服务。组织开展农民手机应用技能培训,提高新型农业经营主体和农民发展生产的能力。

(十三)支持人才培养引进。依托新型职业农民培育工程,整合各渠道培训资金资源,实施现代青年农场主培养计划、农村实用人才带头人培训计划以及新型农业经营主体带头人轮训计划,力争到"十三五"时期末轮训一遍,培养更多爱农业、懂技术、善经营的新型职业农民。办好农业职业教育,鼓励新型农业经营主体带头人通过"半农半读"、线上线下等多种形式就地就近接受职业教育,积极参加职业技能培训和技能鉴定。鼓励有条件的地方通过奖补等方式,引进各类职业经理人,提高农业经营管理水平。将新型农业经营主体列入高校毕业生"三支一扶"计划、大学生村官计划服务岗位的拓展范围。鼓励农民工、大中专毕业生、退伍军人、科技人员等返乡下乡创办领办新型农业经营主体。深入推行科技特派员制度,鼓励科研人员到农民合作社、龙头企业任职兼职,完善知识产权入股、参与分红等激励机制。建立产业专家帮扶和农技人员对口联系制度,发挥好县乡农民合作社辅导员的指导作用。

四、健全政策落实机制

(十四)加强组织领导。地方各级党委和政府要高度重视培育和发展新型农业经营主体,抓紧制定符合当地实际的具体措施和实施意见,加强对扶持政策落实的督促指导。各有关部门要加强协作配合,形成工作合力,结合各自职责抓好贯彻落实。要加强农村经营管理体系建设,鼓励各地采取安排专兼职人员、招收大学生村官等多种途径,充实基层经营管理工作力量,保障必要工作条件,确保支持新型农业经营主体发展的各项工作抓细抓实。

（十五）搞好服务指导。加强调查研究，及时掌握新型农业经营主体发展的新情况新问题，宣传政策，搞好服务，促进其健康发展。完善家庭农场认定办法，落实农民合作社年度报告公示制度，开展重点龙头企业运行监测。鼓励有条件的地方建立新型农业经营主体名录并向社会公布，探索建立新型农业经营主体会计代理和财务审计制度，引导新型农业经营主体规范运行。

（十六）狠抓考核督查。将落实培育新型农业经营主体政策情况纳入工作绩效考核，并建立科学的政策绩效评估监督机制。畅通社会监督渠道，适时开展督查，对政策落实到位的地方和部门予以表扬，对工作不力的予以督促整改。进一步建立和完善新型农业经营主体统计调查、监测分析和定期发布制度。

（十七）强化法制保障。加快推进农村金融立法工作，确保农村改革与立法衔接。切实维护新型农业经营主体的合法权益，引导其诚信守法生产经营，为新型农业经营主体健康发展提供法制保障。

国家林业局关于加快培育新型林业经营主体的指导意见

林改发〔2017〕77号

各省、自治区、直辖市林业厅（局），内蒙古、吉林、龙江、大兴安岭森工（林业）集团公司，新疆生产建设兵团林业局，国家林业局各司局、各直属单位：

为深入贯彻落实《中共中央 国务院关于深入推进农业供给侧结构性改革加快培育农业农村发展新动能的若干意见》（中发〔2017〕1号）和《国务院办公厅关于完善集体林权制度的意见》（国办发〔2016〕83号）精神，进一步深化集体林权制度改革，鼓励和引导社会资本积极参与林业建设，推进集体林业适度规模经营，释放农村发展新动能，实现林业增效、农村增绿、农民增收，现就加快培育新型林业经营主体提出如下指导意见。

一、总体要求

（一）指导思想。全面贯彻落实党的十八大和十八届三中、四中、五中、六中全会精神，牢固树立创新、协调、绿色、开放、共享的发展理念，坚持和完善农村基本经营制度，加快构建以家庭承包经营为基础，以林业专业大户、家庭林场、农民林业专业合作社、林业龙头企业和专业化服务组织为重点，集约化、专业化、组织化、社会化相结合的新型林业经营体系。

（二）基本原则。

坚持农村基本经营制度。以家庭承包为基础的农村基本经营制度是党的农村政策的基石，是农村林地集体所有制的有效实现形式，必须稳定农村林地承包关系并保持长久不变。

坚持农民自愿、政府引导。充分尊重农民意愿，有效发挥政府引导和政策激励作用，不搞强迫命令。

坚持适度规模、集约经营。在依法自愿有偿的前提下，推进林地适度规模流转，优化劳动力、资金、技术等要素配置，培育一批具有一定规模的林业经营主体和林产品生产基地，推进林地适度规模经营和集约生产，不断提高林地效率。

坚持因地制宜、形式多样。因地制宜，不搞"一刀切"，加强分类指导和差异化服务，促进经营主体的多样化发展。

坚持生态保护、农民增收。始终坚持有利于提高国土绿化水平、提升森林质量、增强森林生态系统的整体功能，有利于促进农民就业增收，实现生态、经济和社会效益有机结合，同步提升。

（三）主要目标。到2020年，形成较为完备的新型林业经营体系，集体林业生产组织化水平、专业化程度和劳动生产率明显提升。

二、大力培育适度规模经营主体

（四）积极扶持林业专业大户。鼓励农户按照依法自愿有偿原则，通过流转集体林地经营权，扩大经营规模，增强带动能力，发展成为规模适度的林业专业大户。支持返乡农民工、退役军人、林业科技人员、高校毕业生、大学生村官、个体工商户等到农村围绕优势产业和特色品种从事林业创业和开发，把小农生产引入林业现代化发展轨道。

（五）大力发展家庭林场。鼓励以家庭成员为主要劳动力、以经营林业为主要收入来源、具有相对稳定的林地经营面积和有林业经营特长的林业专业大户，经过县级林业主管部门认定，发展成为家庭林场。支持家庭林场以个体工商户、独资企业、合伙企业和有限公司等类型办理工商注册登记，取得相应市场主体资格。引导家庭林场开展与自身劳动力数量、经营管理能力、技术装备水平、投融资能力相匹配的适度规模经营，逐步建成标准化生产、规范化管理、品牌化营销的现代化企业。

（六）规范发展农民林业专业合作社。鼓励和支持林业专业大户、家庭林场、职业林农、农村能人、涉林企业等牵头组建农民林业专业合作社，依法进行工商登记注册。加强农民林业专业合作社建设指导，健全规章制度、完善运行机制、优化民主管理、强化财务制度、规范利益分配，保障社员合法权益。积极开展示范社创建活动，推进农民林业专业合作社规范化发展。引导农民林业专业合作社在自愿前提下建立跨区域跨行业的农民林业专业合作社联合社。

（七）鼓励发展股份合作社。鼓励农户以承包的集体林地经营权、林木所有权量化或作价入股，发展林地林木股份合作社。支持依法以资金、林木、林地、产品、劳力等形式出资或折资折股入社形成利益共同体，由股份合作组织经营或统一对外出租，所得收益按股份进行分配。推广"保底收益+按股分红"等模式，保障农民合法权益。

（八）培育壮大林业龙头企业。鼓励和引导工商资本到农村发展适合企业化经营的林业产业。着力打造一批创新能力强、管理水平高、处于行业领先地位的林业龙头企业。积极培育林业龙头企业，引导龙头企业完善法人治理结构，依法健全企业财务、劳动用工等管理制度，提高企业管理水平。支持林业龙头企业通过做强品牌、资本运作、产业延伸等方式进行兼并重组、联合发展。建立林业龙头企业主导的研发创新机制，推动龙头企业成为技术创新和成果转化的主体。鼓励林业龙头企业通过"公司+合作社+农户+基地"、"公司+农户+基地"等经营模式与农户构建紧密利益联结机制，发挥龙头企业带动作用。

三、积极发展多元服务主体

（九）加快林业职业经理人培养。支持各地从新型林业经营主体管理人员和大中专毕业生中，或从具备林业生产管理技能并有意投身林业事业的返乡农民工、城镇居民、退役军人中培养林业职业经理人。通过完善培训、管理和服务机制，落实扶持政策，培养懂技术、会经营、善管理的林业经营管理人才。建立林业职业经理人人才资源信息库，促进林业职业经理人交流聘用。

（十）创新新型职业林农培训机制。支持各地开展林业职业农民和新型林业经营主体带头人培育行动。依托高等院校、中等职业学校、基层林业站、林业科技推广机构和有条件的林业龙头企业及农民林业专业合作社等，确定一批林业职业技能实训基地，面向农民开展林业职业技术培训，培养造就一批农村林业实用人才和农村林业致富带头人。优化财政支林资金，把一部分资金用于林业职业农民、特别是新型林业经营主体带头人培训，探索政府购买培训成果机制。

（十一）提高林业社会化服务水平。强化基层林业工作站和林权管理服务中心的公共服务职能，进一步推行一站式、全程代理服务模式。支持专业服务公司、农民经纪人队伍、涉林企业等林业经营性服务组织开展专业性生产服务和市场信息服务。鼓励各地采取政府购买、定向委托、奖励补助、招标投标等方式，引导专业服务组织为林业生产经营提供低成本、便利化、全方位的服务。积极推进"互联网+"林业建设，构建区域性林业社会化服务综合平台，提升林业信息化服务水平。

（十二）加大财税支持力度。鼓励地方扩大对各类新型林业经营主体的财政扶持范围和扶持资金规模。鼓励地方通过直接补助、以奖代补、奖补结合和贷款贴息等方式，支持新型林业经营主体开展基地建设、储藏加工、产销对接、产品认证、产地认定、商标注册、保险补贴、培训指导等，改善生产经营条件，增强发展能力。有条件的地方，可对流转林地面积达到一定规模且集中连片的给予奖补。允许财政项目资金直接投向符合条件的新型经营主体，允许财政投入形成的集体资产转交新型林业经营主体持有和管护。新型林业经营主体在宜林荒山荒地、沙荒地、采伐迹地、低产低效林地进行人工造林、更新改造、营造混交林，发展油茶、核桃、油用牡丹、文冠果等木本油料、林下经济和其他林业特色产业，以及开展间伐、补植、退化林修复、割灌除草、清理运输采伐剩余物、修建简易作业道路等生产作业所需劳务用工和机械燃油等可享受中央财政林业补助。落实和完善相关税费政策，支持新型林业经营主体发展。

（十三）优化金融保险扶持政策。鼓励各地建立"政府+银行+担保+保险"合作机制，引导银行、担保、保险机构加大对新型林业经营主体的支持。支持新型林业经营主体以林权、固定资产、公益林补偿收益等办理抵押质押贷款，符合财政贴息政策的，享受中央财政林业贷款贴息。协调金融机构开发符合林业生产特点、适应林业新型经营主体的信贷产品。支持政策性担保机构将符合条件的林业新型经营主体纳入贷款担保服务范围，并优先提供担保服务。创新金融服务，把新型林业经营主体纳入银行业金融机构客户信用评定范围，对符合条件的进行综合授信，对信用等级较高的在同等条件下实行贷款优先等激励措施。继续扩大政策性森林保险覆盖面。

（十四）强化科技支撑。鼓励各地开展林业科技下乡服务活动，创新公益性林业科技推广服务方式，推行政府购买服务。支持各地建立林业教产学研一体化林业技术推广联盟，支持涉林科研机构、高等院校、中等职业学校、基层林业工作站、林业科技推广机构专家和科技人员与林业专业大户、家庭林场、农民林业专业合作社、林业龙头企业开展技术合作，提升新型经营主体经营水平。

（十五）健全林木采伐管理。县级以上林业主管部门要指导和帮助新型林业经营主体编制森林经营方案，提高科学性和可行性，新型林业经营主体依法自主采伐自有林木的，按照森林经营方案优先安排采伐指标。采伐经济林、薪炭林、竹林以及非林地上的林木，可由新型林业经营主体自行设计，自主决定采伐年龄和方式。

（十六）探索林地使用机制。新型经营主体在经营区范围内修筑直接为林业生产服务的设施，可依法向县级以上林业主管部门申请审批使用林地。林业龙头企业等新型经营主体投资建设生态林等连片面积达到一定规模的，允许在符合林地管理法律法规和林地利用总体规划、依法办理使用林地手续、坚持节约集约用地的前提下，利用一定比例的林地开展森林康养、观光旅游、加工流通等经营活动和配套基础设施建设。

四、加强组织保障

（十七）加强组织领导。各级林业主管部门要高度重视新型林业经营主体培育工作，将其纳入林业重点工作进行部署。研究制定适合本地区实际的新型林业经营主体培育工作实施方案，明确指导思想、工作目标和重点任务，落实工作责任，强化保障措施。要健全林权管理服务机构，加强人员队伍建设，将新型林业经营主体作为重要服务对象，积极提供政策咨询、技术指导、流转交易、资产评估等一站式综合服务。

（十八）落实扶持政策。各级林业主管部门要深入调查研究，积极向党委、政府反映情况、提出建议，主动加强与发展改革、财政、工商、税务、金融、保险等部门的协调，积极落实财政支持、税收优惠、金融扶持、保险服务、科技支撑等惠林政策，协调出台相关配套措施。国家对民族地区、边远地区和贫困地区的新型林业经营主体给予优先扶持和适当倾斜。

（十九）构建长效机制。各级林业主管部门要围绕深化改革重点任务，积极选择具备条件的新型林业经营主体开展相关试点，及时总结经验，推广可复制模式。建立新型林业经营主体发展动态跟踪机制，及时掌握进展及存在的问题，加强统筹安排和综合协调，切实解决突出问题。建立健全相关政策法规，为新型林业经营主体快速发展提供有力支撑。加强宣传引导，注意发现、总结和推广新经验和新典型，营造全行业支持新型林业经营主体发展的良好氛围。

国家林业局

2017年7月18日

生产经营单位安全培训规定

国家安全生产监督管理总局令
第 63 号

《国家安全监管总局关于修改〈生产经营单位安全培训规定〉等 11 件规章的决定》已经 2013 年 8 月 19 日国家安全生产监督管理总局局长办公会议审议通过，现予公布，自公布之日起施行。

国家安全监管总局局长
2013 年 8 月 29 日

（2005 年 12 月 28 日国家安全生产监督管理总局局长办公会议审议通过；根据 2013 年 8 月 19 日国家安全生产监督管理总局局长办公会议审议通过的《国家安全监管总局关于修改〈生产经营单位安全培训规定〉等 11 件规章的决定》修改）

第一章 总 则

第一条 为加强和规范生产经营单位安全培训工作，提高从业人员安全素质，防范伤亡事故，减轻职业危害，根据安全生产法和有关法律、行政法规，制定本规定。

第二条 工矿商贸生产经营单位（以下简称生产经营单位）从业人员的安全培训，适用本规定。

第三条 生产经营单位负责本单位从业人员安全培训工作。

生产经营单位应当按照安全生产法和有关法律、行政法规和本规定，建立健全安全培训工作制度。

第四条 生产经营单位应当进行安全培训的从业人员包括主要负责人、安全生产管理人员、特种作业人员和其他从业人员。

生产经营单位使用被派遣劳动者的，应当将被派遣劳动者纳入本单位从业人员统一管理，对被派遣劳动者进行岗位安全操作规程和安全操作技能的教育和培训。劳务派遣单位应当对被派遣劳动者进行必要的安全生产教育和培训。

生产经营单位接收中等职业学校、高等学校学生实习的，应当对实习学生进行相应的安全生产教育和培训，提供必要的劳动防护用品。学校应当协助生产经营单位对实习学生进行安全生产教育和培训。

生产经营单位从业人员应当接受安全培训，熟悉有关安全生产规章制度和安全操作规程，具备必要的安全生产知识，掌握本岗位的安全操作技能，了解事故应急处理措施，知悉自身在安全生产方面的权利和义务。

未经安全培训合格的从业人员，不得上岗作业。

第五条 国家安全生产监督管理总局指导全国安全培训工作，依法对全国的安全培训工作实施监督管理。

国务院有关主管部门按照各自职责指导监督本行业安全培训工作，并按照本规定制定实施办法。

国家煤矿安全监察局指导监督检查全国煤矿安全培训工作。

各级安全生产监督管理部门和煤矿安全监察机构（以下简称安

全生产监管监察部门）按照各自的职责，依法对生产经营单位的安全培训工作实施监督管理。

第二章　主要负责人、安全生产管理人员的安全培训

第六条　生产经营单位主要负责人和安全生产管理人员应当接受安全培训，具备与所从事的生产经营活动相适应的安全生产知识和管理能力。

第七条　生产经营单位主要负责人安全培训应当包括下列内容：

（一）国家安全生产方针、政策和有关安全生产的法律、法规、规章及标准；

（二）安全生产管理基本知识、安全生产技术、安全生产专业知识；

（三）重大危险源管理、重大事故防范、应急管理和救援组织以及事故调查处理的有关规定；

（四）职业危害及其预防措施；

（五）国内外先进的安全生产管理经验；

（六）典型事故和应急救援案例分析；

（七）其他需要培训的内容。

第八条　生产经营单位安全生产管理人员安全培训应当包括下列内容：

（一）国家安全生产方针、政策和有关安全生产的法律、法规、规章及标准；

（二）安全生产管理、安全生产技术、职业卫生等知识；

（三）伤亡事故统计、报告及职业危害的调查处理方法；

（四）应急管理、应急预案编制以及应急处置的内容和要求；

（五）国内外先进的安全生产管理经验；

（六）典型事故和应急救援案例分析；

（七）其他需要培训的内容。

第九条 生产经营单位主要负责人和安全生产管理人员初次安全培训时间不得少于32学时。每年再培训时间不得少于12学时。

煤矿、非煤矿山、危险化学品、烟花爆竹、金属冶炼等生产经营单位主要负责人和安全生产管理人员初次安全培训时间不得少于48学时，每年再培训时间不得少于16学时。

第十条 生产经营单位主要负责人和安全生产管理人员的安全培训必须依照安全生产监管监察部门制定的安全培训大纲实施。

非煤矿山、危险化学品、烟花爆竹、金属冶炼等生产经营单位主要负责人和安全生产管理人员的安全培训大纲及考核标准由国家安全生产监督管理总局统一制定。

煤矿主要负责人和安全生产管理人员的安全培训大纲及考核标准由国家煤矿安全监察局制定。

煤矿、非煤矿山、危险化学品、烟花爆竹、金属冶炼以外的其他生产经营单位主要负责人和安全管理人员的安全培训大纲及考核标准，由省、自治区、直辖市安全生产监督管理部门制定。

第三章　其他从业人员的安全培训

第十一条 煤矿、非煤矿山、危险化学品、烟花爆竹、金属冶炼等生产经营单位必须对新上岗的临时工、合同工、劳务工、轮换工、协议工等进行强制性安全培训，保证其具备本岗位安全操作、自救互救以及应急处置所需的知识和技能后，方能安排上岗作业。

第十二条 加工、制造业等生产单位的其他从业人员，在上岗前必须经过厂（矿）、车间（工段、区、队）、班组三级安全培训教育。

生产经营单位应当根据工作性质对其他从业人员进行安全培训，保证其具备本岗位安全操作、应急处置等知识和技能。

第十三条　生产经营单位新上岗的从业人员，岗前安全培训时间不得少于24学时。

煤矿、非煤矿山、危险化学品、烟花爆竹、金属冶炼等生产经营单位新上岗的从业人员安全培训时间不得少于72学时，每年再培训的时间不得少于20学时。

第十四条　厂（矿）级岗前安全培训内容应当包括：

（一）本单位安全生产情况及安全生产基本知识；

（二）本单位安全生产规章制度和劳动纪律；

（三）从业人员安全生产权利和义务；

（四）有关事故案例等。

煤矿、非煤矿山、危险化学品、烟花爆竹、金属冶炼等生产经营单位厂（矿）级安全培训除包括上述内容外，应当增加事故应急救援、事故应急预案演练及防范措施等内容。

第十五条　车间（工段、区、队）级岗前安全培训内容应当包括：

（一）工作环境及危险因素；

（二）所从事工种可能遭受的职业伤害和伤亡事故；

（三）所从事工种的安全职责、操作技能及强制性标准；

（四）自救互救、急救方法、疏散和现场紧急情况的处理；

（五）安全设备设施、个人防护用品的使用和维护；

（六）本车间（工段、区、队）安全生产状况及规章制度；

（七）预防事故和职业危害的措施及应注意的安全事项；

（八）有关事故案例；

（九）其他需要培训的内容。

第十六条　班组级岗前安全培训内容应当包括：

（一）岗位安全操作规程；

（二）岗位之间工作衔接配合的安全与职业卫生事项；

（三）有关事故案例；

（四）其他需要培训的内容。

第十七条　从业人员在本生产经营单位内调整工作岗位或离岗一年以上重新上岗时，应当重新接受车间（工段、区、队）和班组级的安全培训。

生产经营单位采用新工艺、新技术、新材料或者使用新设备时，应当对有关从业人员重新进行有针对性的安全培训。

第十八条　生产经营单位的特种作业人员，必须按照国家有关法律、法规的规定接受专门的安全培训，经考核合格，取得特种作业操作资格证书后，方可上岗作业。

特种作业人员的范围和培训考核管理办法，另行规定。

第四章　安全培训的组织实施

第十九条　生产经营单位从业人员的安全培训工作，由生产经营单位组织实施。

生产经营单位应当坚持以考促学、以讲促学，确保全体从业人员熟练掌握岗位安全生产知识和技能；煤矿、非煤矿山、危险化学品、烟花爆竹、金属冶炼等生产经营单位还应当完善和落实师傅带徒弟制度。

第二十条　具备安全培训条件的生产经营单位，应当以自主培训为主；可以委托具备安全培训条件的机构，对从业人员进行安全培训。

不具备安全培训条件的生产经营单位，应当委托具备安全培训条件的机构，对从业人员进行安全培训。

生产经营单位委托其他机构进行安全培训的，保证安全培训的责任仍由本单位负责。

第二十一条 生产经营单位应当将安全培训工作纳入本单位年度工作计划。保证本单位安全培训工作所需资金。

生产经营单位的主要负责人负责组织制定并实施本单位安全培训计划。

第二十二条 生产经营单位应当建立健全从业人员安全生产教育和培训档案，由生产经营单位的安全生产管理机构以及安全生产管理人员详细、准确记录培训的时间、内容、参加人员以及考核结果等情况。

第二十三条 生产经营单位安排从业人员进行安全培训期间，应当支付工资和必要的费用。

第五章 监督管理

第二十四条 煤矿、非煤矿山、危险化学品、烟花爆竹、金属冶炼等生产经营单位主要负责人和安全生产管理人员，自任职之日起6个月内，必须经安全生产监管监察部门对其安全生产知识和管理能力考核合格。

第二十五条 安全生产监管监察部门依法对生产经营单位安全培训情况进行监督检查，督促生产经营单位按照国家有关法律法规和本规定开展安全培训工作。

县级以上地方人民政府负责煤矿安全生产监督管理的部门对煤矿井下作业人员的安全培训情况进行监督检查。煤矿安全监察机构对煤矿特种作业人员安全培训及其持证上岗的情况进行监督检查。

第二十六条 各级安全生产监管监察部门对生产经营单位安全培训及其持证上岗的情况进行监督检查，主要包括以下内容：

（一）安全培训制度、计划的制定及其实施的情况；

（二）煤矿、非煤矿山、危险化学品、烟花爆竹、金属冶炼等生产经营单位主要负责人和安全生产管理人员安全培训以及安全生产知识和管理能力考核的情况；其他生产经营单位主要负责人和安全生产管理人员培训的情况；

（三）特种作业人员操作资格证持证上岗的情况；

（四）建立安全生产教育和培训档案，并如实记录的情况；

（五）对从业人员现场抽考本职工作的安全生产知识；

（六）其他需要检查的内容。

第二十七条　安全生产监管监察部门对煤矿、非煤矿山、危险化学品、烟花爆竹、金属冶炼等生产经营单位的主要负责人、安全管理人员应当按照本规定严格考核。考核不得收费。

安全生产监管监察部门负责考核的有关人员不得玩忽职守和滥用职权。

第二十八条　安全生产监管监察部门检查中发现安全生产教育和培训责任落实不到位、有关从业人员未经培训合格的，应当视为生产安全事故隐患，责令生产经营单位立即停止违法行为，限期整改，并依法予以处罚。

第六章　罚　则

第二十九条　生产经营单位有下列行为之一的，由安全生产监管监察部门责令其限期改正，可以处1万元以上3万元以下的罚款：

（一）未将安全培训工作纳入本单位工作计划并保证安全培训工作所需资金的；

（二）从业人员进行安全培训期间未支付工资并承担安全培训费用的。

第三十条　生产经营单位有下列行为之一的，由安全生产监管监察部门责令其限期改正，可以处5万元以下的罚款；逾期未改正的，责令停产停业整顿，并处5万元以上10万元以下的罚款，对其直接负责的主管人员和其他直接责任人员处 1 万元以上 2 万元以下的罚款：

（一）煤矿、非煤矿山、危险化学品、烟花爆竹、金属冶炼等生产经营单位主要负责人和安全管理人员未按照规定经考核合格的；

（二）未按照规定对从业人员、被派遣劳动者、实习学生进行安全生产教育和培训或者未如实告知其有关安全生产事项的；

（三）未如实记录安全生产教育和培训情况的；

（四）特种作业人员未按照规定经专门的安全技术培训并取得特种作业人员操作资格证书，上岗作业的。

县级以上地方人民政府负责煤矿安全生产监督管理的部门发现煤矿未按照本规定对井下作业人员进行安全培训的，责令限期改正，处 10 万元以上 50 万元以下的罚款；逾期未改正的，责令停产停业整顿。

煤矿安全监察机构发现煤矿特种作业人员无证上岗作业的，责令限期改正，处 10 万元以上 50 万元以下的罚款；逾期未改正的，责令停产停业整顿。

第三十一条　安全生产监管监察部门有关人员在考核、发证工作中玩忽职守、滥用职权的，由上级安全生产监管监察部门或者行政监察部门给予记过、记大过的行政处分。

第七章　附　则

第三十二条　生产经营单位主要负责人是指有限责任公司或者股份有限公司的董事长、总经理，其他生产经营单位的厂长、经理、（矿务局）局长、矿长（含实际控制人）等。

生产经营单位安全生产管理人员是指生产经营单位分管安全生产的负责人、安全生产管理机构负责人及其管理人员，以及未设安全生产管理机构的生产经营单位专、兼职安全生产管理人员等。

生产经营单位其他从业人员是指除主要负责人、安全生产管理人员和特种作业人员以外，该单位从事生产经营活动的所有人员，包括其他负责人、其他管理人员、技术人员和各岗位的工人以及临时聘用的人员。

第三十三条 省、自治区、直辖市安全生产监督管理部门和省级煤矿安全监察机构可以根据本规定制定实施细则，报国家安全生产监督管理总局和国家煤矿安全监察局备案。

第三十四条 本规定自2006年3月1日起施行。

中央国有资本经营预算支出管理暂行办法

财政部关于印发
《中央国有资本经营预算支出管理暂行办法》的通知
财预〔2017〕32号

有关中央单位：

为落实党的十八届三中全会决定关于以管资本为主加强国有资产监管，促进国有资本投资运营服务于国家战略目标的决策部署，进一步加强和规范中央国有资本经营预算支出管理，支持国有企业改革发展和国有资本布局优化调整，我们制定了《中央国有资本经营预算支出管理暂行办法》，并已经国务院批准，现印发给你们，请遵照执行。

中华人民共和国财政部
2017年3月13日

第一章 总 则

第一条 为完善国有资本经营预算管理制度，规范和加强中央国有资本经营预算支出管理,根据《中华人民共和国预算法》、《中共中央 国务院关于深化国有企业改革的指导意见》(中发〔2015〕22号)、《国务院关于改革和完善国有资产管理体制的若干意见》(国发〔2015〕63号)、《国务院关于深化预算管理制度改革的决定》(国发〔2014〕45号)、《国务院关于试行国有资本经营预算的意见》(国发〔2007〕26号)、《中央国有资本经营预算管理暂行办法》(财预〔2016〕6号)等有关规定,制定本办法。

第二条 中央国有资本经营预算支出对象主要为国有资本投资、运营公司(以下简称投资运营公司)和中央企业集团(以下简称中央企业)。

中央国有资本经营预算支出应与一般公共预算相衔接,避免与一般公共预算和政府性基金预算安排的支出交叉重复。

第三条 财政部会同相关部门制定中央国有资本经营预算支出有关管理制度。

第四条 财政部负责确定中央国有资本经营预算支出方向和重点,布置预(决)算编制,审核中央单位(包括有关中央部门、国务院直接授权的投资运营公司和直接向财政部报送国有资本经营预算的中央企业,下同)预算建议草案,编制预(决)算草案,向中央单位批复预(决)算,组织实施绩效管理,对预算执行情况进行监督检查等。

第五条 中央单位负责提出中央国有资本经营预算支出方向和重点建议,组织其监管(所属)投资运营公司和中央企业编报支出计划建议并进行审核,编制本单位预算建议草案和决算草案,向其监管(所属)投资运营公司和中央企业批复预(决)算,组织预算执行,开展绩效管理,配合财政部对预算执行情况进行监督检查等。

第六条 投资运营公司和中央企业负责向中央单位申报支出计划建议,编制本公司(企业)支出决算,推动解决国有企业历史遗留问题,开展国有资本投资运营,组织实施相关事项,按照财政部、中央单位要求开展绩效管理等。

第二章　支出范围

第七条　中央国有资本经营预算支出除调入一般公共预算和补充全国社会保障基金外,主要用于以下方面:

(一)解决国有企业历史遗留问题及相关改革成本支出;

(二)国有企业资本金注入;

(三)其他支出。

中央国有资本经营预算支出方向和重点,应当根据国家宏观经济政策需要以及不同时期国有企业改革发展任务适时进行调整。

第八条　解决国有企业历史遗留问题及相关改革成本支出,是指用于支持投资运营公司和中央企业剥离国有企业办社会职能、解决国有企业存在的体制性机制性问题、弥补国有企业改革成本等方面的支出。

第九条　解决国有企业历史遗留问题及相关改革成本支出实行专项资金管理,相关专项资金管理办法由财政部商相关部门制定。

第十条　国有企业资本金注入,是指用于引导投资运营公司和中央企业更好地服务于国家战略,将国有资本更多投向关系国家安全和国民经济命脉的重要行业和关键领域的资本性支出。

第十一条　国有企业资本金注入采取向投资运营公司注资、向产业投资基金注资以及向中央企业注资三种方式。

(一)向投资运营公司注资,主要用于推动投资运营公司调整国有资本布局和结构,增强国有资本控制力。

(二)向产业投资基金注资,主要用于引导投资运营公司采取市场化方式发起设立产业投资基金,发挥财政资金的杠杆作用,引领社会资本更多投向重要前瞻性战略性产业、生态环境保护、科技进步、公共服务、国际化经营等领域,增强国有资本影响力。

(三)向中央企业注资,主要用于落实党中央、国务院有关决策部署精神,由中央企业具体实施的事项。

第三章 预算编制和批复

第十二条 财政部按照国务院编制预算的统一要求,根据中央国有资本经营预算支出政策,印发编制中央国有资本经营预算通知。

第十三条 财政部会同有关部门,对投资运营公司和中央企业盈利情况进行测算后,确定年度中央国有资本经营预算支出规模。

第十四条 中央单位根据财政部通知要求以及年度预算支出规模,组织其监管(所属)投资运营公司和中央企业编报支出计划建议。

第十五条 投资运营公司和中央企业根据有关编报要求,编制本公司(企业)国有资本经营预算支出计划建议报中央单位,并抄报财政部。其中:

(一)解决国有企业历史遗留问题及相关改革成本支出计划建议,根据相关专项资金管理办法编制。

(二)国有企业资本金注入计划建议,根据党中央、国务院有关要求,结合投资运营公司和中央企业章程、发展定位和战略、投资运营规划、投融资计划等编制。

第十六条 中央单位对其监管(所属)投资运营公司和中央企业编报的支出计划建议进行审核,编制预算建议草案报送财政部。

第十七条 财政部根据国家宏观调控目标,并结合国家重点发展战略、国有企业历史遗留问题解决进程、国有资本布局调整要求以及绩效目标审核意见、以前年度绩效评价结果等情况,在对中央单位申报的预算建议草案进行审核的基础上,按照"量入为出、收支平衡"的原则,向中央单位下达预算控制数。

第十八条 中央单位根据财政部下达的预算控制数,结合其监管(所属)投资运营公司和中央企业经营情况、历史遗留问题解决及改革发展进程等,对本单位预算建议草案进行调整后,再次报送财政部。

第十九条 财政部根据中央单位调整后的预算建议草案,编制中央本级国有资本经营预算草案。

第二十条 中央国有资本经营预算经全国人民代表大会审议批准后,财政部在20日内向中央单位批复预算。中央单位应当在接到财政部批复的本单位预算后15日内向其监管(所属)投资运营公司和中央企业批复预算。

第四章 预算执行

第二十一条 中央国有资本经营预算支出应当按照经批准的预算执行,未经批准不得擅自调剂。确需调剂使用的,按照财政部有关规定办理。

第二十二条 财政部按照国库集中支付管理的规定,将预算资金拨付至投资运营公司、产业投资基金和中央企业。

第二十三条 投资运营公司和中央企业应按规定用途使用资金。属于国有企业资本金注入的,应及时落实国有权益,并根据明确的支出投向和目标,及时开展国有资本投资运营活动,推进有关事项的实施。

第五章 转移支付

第二十四条 中央国有资本经营预算可根据国有企业改革发展需要,经国务院批准,设立对地方的专项转移支付项目。

第二十五条　财政部应当在每年 10 月 31 日前将下一年度专项转移支付预计数提前下达省级政府财政部门。

第二十六条　财政部会同相关部门按照规定组织专项转移支付项目资金的申报、审核和分配工作。

第二十七条　财政部应当在全国人民代表大会审查批准中央国有资本经营预算后 90 日内印发下达专项转移支付预算文件。

对据实结算等特殊项目的专项转移支付，可以分期下达预算，最后一期的下达时间一般不迟于 9 月 30 日。

第二十八条　省级人民政府财政部门接到中央国有资本经营预算专项转移支付后，应当在 30 日内正式分解下达，并将资金分配结果及时报送财政部。

第六章　决　算

第二十九条　财政部按照编制决算的统一要求，部署编制中央国有资本经营决算草案工作，制发中央国有资本经营决算报表格式和编制说明。

第三十条　投资运营公司和中央企业根据有关编报要求，编制本公司（企业）国有资本经营支出决算，报中央单位。

第三十一条　中央单位根据其监管（所属）投资运营公司和中央企业编制的国有资本经营支出决算，编制本单位中央国有资本经营决算草案报送财政部。

第三十二条　财政部根据当年国有资本经营预算执行情况和中央单位上报的决算草案，编制中央国有资本经营决算草案。

第三十三条　中央国有资本经营决算草案经国务院审计机关审计后，报国务院审定，由国务院提请全国人民代表大会常务委员会审查和批准。

第三十四条　中央国有资本经营决算草案经全国人民代表大会

常务委员会批准后，财政部应当在 20 日内向中央单位批复决算。中央单位应当在接到财政部批复的本单位决算后 15 日内向其监管（所属）投资运营公司和中央企业批复决算。

第七章　绩效管理

第三十五条　中央国有资本经营预算支出应当实施绩效管理，合理设定绩效目标及指标，实行绩效执行监控，开展绩效评价，加强评价结果应用，提升预算资金使用效益。

第三十六条　中央单位、投资运营公司和中央企业根据财政预算绩效管理的相关规定，开展国有资本经营预算支出绩效管理工作。

第三十七条　财政部将绩效评价结果作为加强预算管理及安排以后年度预算支出的重要依据。

第三十八条　对采取先建后补、以奖代补、据实结算等事后补助方式管理的专项转移支付项目，实行事后立项事后补助的，其绩效目标可以用相关工作或目标的完成情况代以体现。

第八章　监督检查

第三十九条　财政部、中央单位应当加强对中央国有资本经营预算支出事前、事中、事后的全过程管理，并按照政府信息公开有关规定向社会公开相关信息。

第四十条　投资运营公司和中央企业应当遵守国家财政、财务规章制度和财经纪律，自觉接受财政部门和中央单位的监督检查。审计机关要依法加强对财政部门、中央单位、投资运营公司和中央企业的审计监督。

第四十一条　对预算支出使用过程中的违法违规行为，依照

《中华人民共和国预算法》、《财政违法行为处罚处分条例》(国务院令第 427 号) 等有关规定追究责任。

第九章 附 则

第四十二条 地方国有资本经营预算支出管理办法由地方参照本办法制定。

第四十三条 本办法由财政部负责解释。

第四十四条 本办法自 2017 年 1 月 1 日起施行。

附　录

国务院办公厅关于建立国有企业违规
经营投资责任追究制度的意见

国办发〔2016〕63号

各省、自治区、直辖市人民政府，国务院各部委、各直属机构：

　　根据《中共中央　国务院关于深化国有企业改革的指导意见》、《国务院办公厅关于加强和改进企业国有资产监督防止国有资产流失的意见》（国办发〔2015〕79号）等要求，为落实国有资本保值增值责任，完善国有资产监管，防止国有资产流失，经国务院同意，现就建立国有企业违规经营投资责任追究制度提出以下意见。

　　一、总体要求

　　（一）指导思想。全面贯彻党的十八大和十八届三中、四中、五中全会精神，按照"五位一体"总体布局和"四个全面"战略布局，牢固树立和贯彻落实创新、协调、绿色、开放、共享的发展理念，深入贯彻习近平总书记系列重要讲话精神，认真落实党中央、国务院决策部署，坚持社会主义市场经济改革方向，按照完善现代企业制度的要求，以提高国有企业运行质量和经济效益为目标，以强化对权力集中、资金密集、资源富集、资产聚集部门和岗位的监督为重点，严格问责、完善机制，构建权责清晰、约束有效的经营投资责任体系，全面推进依法治企，健全协调运转、有效制衡的法人治理结构,提高国有资本效率、增强国有企业活力、防止国有资产流失,实现国有资本保值增值。

(二)基本原则。

1. 依法合规、违规必究。以国家法律法规为准绳,严格执行企业内部管理规定,对违反规定、未履行或未正确履行职责造成国有资产损失以及其他严重不良后果的国有企业经营管理有关人员,严格界定违规经营投资责任,严肃追究问责,实行重大决策终身责任追究制度。

2. 分级组织、分类处理。履行出资人职责的机构和国有企业按照国有资产分级管理要求和干部管理权限,分别组织开展责任追究工作。对违纪违法行为,严格依纪依法处理。

3. 客观公正、责罚适当。在充分调查核实和责任认定的基础上,既考虑量的标准也考虑质的不同,实事求是地确定资产损失程度和责任追究范围,恰当公正地处理相关责任人。

4. 惩教结合、纠建并举。在严肃追究违规经营投资责任的同时,加强案例总结和警示教育,不断完善规章制度,及时堵塞经营管理漏洞,建立问责长效机制,提高国有企业经营管理水平。

(三)主要目标。在2017年年底前,国有企业违规经营投资责任追究制度和责任倒查机制基本形成,责任追究的范围、标准、程序和方式清晰规范,责任追究工作实现有章可循。在2020年年底前,全面建立覆盖各级履行出资人职责的机构及国有企业的责任追究工作体系,形成职责明确、流程清晰、规范有序的责任追究工作机制,对相关责任人及时追究问责,国有企业经营投资责任意识和责任约束显著增强。

二、责任追究范围

国有企业经营管理有关人员违反国家法律法规和企业内部管理规定,未履行或未正确履行职责致使发生下列情形造成国有资产损失以及其他严重不良后果的,应当追究责任:

（一）集团管控方面。所属子企业发生重大违纪违法问题，造成重大资产损失，影响其持续经营能力或造成严重不良后果；未履行或未正确履行职责致使集团发生较大资产损失，对生产经营、财务状况产生重大影响；对集团重大风险隐患、内控缺陷等问题失察，或虽发现但没有及时报告、处理，造成重大风险等。

（二）购销管理方面。未按照规定订立、履行合同，未履行或未正确履行职责致使合同标的价格明显不公允；交易行为虚假或违规开展"空转"贸易；利用关联交易输送利益；未按照规定进行招标或未执行招标结果；违反规定提供赊销信用、资质、担保（含抵押、质押等）或预付款项，利用业务预付或物资交易等方式变相融资或投资；违规开展商品期货、期权等衍生业务；未按规定对应收款项及时追索或采取有效保全措施等。

（三）工程承包建设方面。未按规定对合同标的进行调查论证，未经授权或超越授权投标，中标价格严重低于成本，造成企业资产损失；违反规定擅自签订或变更合同，合同约定未经严格审查，存在重大疏漏；工程物资未按规定招标；违反规定转包、分包；工程组织管理混乱，致使工程质量不达标，工程成本严重超支；违反合同约定超计价、超进度付款等。

（四）转让产权、上市公司股权和资产方面。未按规定履行决策和审批程序或超越授权范围转让；财务审计和资产评估违反相关规定；组织提供和披露虚假信息，操纵中介机构出具虚假财务审计、资产评估鉴证结果；未按相关规定执行回避制度，造成资产损失；违反相关规定和公开公平交易原则，低价转让企业产权、上市公司股权和资产等。

（五）固定资产投资方面。未按规定进行可行性研究或风险分析；项目概算未经严格审查，严重偏离实际；未按规定履行决策和审批程序擅自投资，造成资产损失；购建项目未按规定招标，干预或操纵招标；外部环境发生重大变化，未按规定及时调整投资方案并采取止损措施；擅自变更工程设计、建设内容；项目管理混乱，致使建设严重拖期、成本明显高于同类项目等。

（六）投资并购方面。投资并购未按规定开展尽职调查，或尽职调查未进行风险分析等，存在重大疏漏；财务审计、资产评估或估值违反相关规定，或投资并购过程中授意、指使中介机构或有关单位出具虚假报告；未按规定履行决策和审批程序，决策未充分考虑重大风险因素，未制定风险防范预案；违规以各种形式为其他合资合作方提供垫资，或通过高溢价并购等手段向关联方输送利益；投资合同、协议及标的企业公司章程中国有权益保护条款缺失，对标的企业管理失控；投资参股后未行使股东权利，发生重大变化未及时采取止损措施；违反合同约定提前支付并购价款等。

（七）改组改制方面。未按规定履行决策和审批程序；未按规定组织开展清产核资、财务审计和资产评估；故意转移、隐匿国有资产或向中介机构提供虚假信息，操纵中介机构出具虚假清产核资、财务审计与资产评估鉴证结果；将国有资产以明显不公允低价折股、出售或无偿分给其他单位或个人；在发展混合所有制经济、实施员工持股计划等改组改制过程中变相套取、私分国有股权；未按规定收取国有资产转让价款；改制后的公司章程中国有权益保护条款缺失等。

（八）资金管理方面。违反决策和审批程序或超越权限批准资金支出；设立"小金库"；违规集资、发行股票（债券）、捐赠、担保、委托理财、拆借资金或开立信用证、办理银行票据；虚列支出套取资金；违规以个人名义留存资金、收支结算、开立银行账户；违规超发、滥发职工薪酬福利；因财务内控缺失，发生侵占、盗取、欺诈等。

（九）风险管理方面。内控及风险管理制度缺失，内控流程存在重大缺陷或内部控制执行不力；对经营投资重大风险未能及时分析、识别、评估、预警和应对;对企业规章制度、经济合同和重要决策的法律审核不到位;过度负债危及企业持续经营,恶意逃废金融债务;瞒报、漏报重大风险及风险损失事件,指使编制虚假财务报告,企业账实严重不符等。

(十) 其他违反规定,应当追究责任的情形。

三、资产损失认定

对国有企业经营投资发生的资产损失,应当在调查核实的基础上,依据有关规定认定损失金额及影响。

(一) 资产损失包括直接损失和间接损失。直接损失是与相关人员行为有直接因果关系的损失金额及影响。间接损失是由相关人员行为引发或导致的,除直接损失外、能够确认计量的其他损失金额及影响。

(二) 资产损失分为一般资产损失、较大资产损失和重大资产损失。涉及违纪违法和犯罪行为查处的损失标准,遵照相关党内法规和国家法律法规的规定执行;涉及其他责任追究处理的,由履行出资人职责的机构和国有企业根据实际情况制定资产损失程度划分标准。

(三) 资产损失的金额及影响,可根据司法、行政机关出具的书面文件,具有相应资质的会计师事务所、资产评估机构、律师事务所等中介机构出具的专项审计、评估或鉴证报告,以及企业内部证明材料等进行综合研判认定。相关经营投资虽尚未形成事实损失,经中介机构评估在可预见未来将发生的损失,可以认定为或有资产损失。

四、经营投资责任认定

国有企业经营管理有关人员任职期间违反规定,未履行或未正确履行职责造成国有资产损失以及其他严重不良后果的,应当追究其相应责任;已调任其他岗位或退休的,应当纳入责任追究范围,实行重大决策终身责任追究制度。经营投资责任根据工作职责划分为直接责任、主管责任和领导责任。

（一）直接责任是指相关人员在其工作职责范围内，违反规定，未履行或未正确履行职责，对造成的资产损失或其他不良后果起决定性直接作用时应当承担的责任。

企业负责人存在以下情形的，应当承担直接责任：本人或与他人共同违反国家法律法规和企业内部管理规定；授意、指使、强令、纵容、包庇下属人员违反国家法律法规和企业内部管理规定；未经民主决策、相关会议讨论或文件传签、报审等规定程序，直接决定、批准、组织实施重大经济事项，并造成重大资产损失或其他严重不良后果；主持相关会议讨论或以文件传签等其他方式研究时，在多数人不同意的情况下，直接决定、批准、组织实施重大经济事项，造成重大资产损失或其他严重不良后果；将按有关法律法规制度应作为第一责任人（总负责）的事项、签订的有关目标责任事项或应当履行的其他重要职责，授权（委托）其他领导干部决策且决策不当或决策失误造成重大资产损失或其他严重不良后果；其他失职、渎职和应当承担直接责任的行为。

（二）主管责任是指相关人员在其直接主管（分管）工作职责范围内，违反规定，未履行或未正确履行职责，对造成的资产损失或不良后果应当承担的责任。

（三）领导责任是指主要负责人在其工作职责范围内，违反规定，未履行或未正确履行职责，对造成的资产损失或不良后果应当承担的责任。

五、责任追究处理

（一）根据资产损失程度、问题性质等，对相关责任人采取组织处理、扣减薪酬、禁入限制、纪律处分、移送司法机关等方式处理。

1. 组织处理。包括批评教育、责令书面检查、通报批评、诫勉、停职、调离工作岗位、降职、改任非领导职务、责令辞职、免职等。

2. 扣减薪酬。扣减和追索绩效年薪或任期激励收入，终止或收回中长期激励收益，取消参加中长期激励资格等。

3. 禁入限制。五年内直至终身不得担任国有企业董事、监事、高级管理人员。

4. 纪律处分。由相应的纪检监察机关依法依规查处。

5. 移送司法机关处理。依据国家有关法律规定，移送司法机关依法查处。

以上处理方式可以单独使用，也可以合并使用。

（二）国有企业发生资产损失，经过查证核实和责任认定后，除依据有关规定移送司法机关处理外，应当按以下方式处理：

1. 发生较大资产损失的，对直接责任人和主管责任人给予通报批评、诫勉、停职、调离工作岗位、降职等处理，同时按照以下标准扣减薪酬：扣减和追索责任认定年度 50%—100% 的绩效年薪、扣减和追索责任认定年度（含）前三年 50%—100% 的任期激励收入并延期支付绩效年薪，终止尚未行使的中长期激励权益、上缴责任认定年度及前一年度的全部中长期激励收益、五年内不得参加企业新的中长期激励。

对领导责任人给予通报批评、诫勉、停职、调离工作岗位等处理，同时按照以下标准扣减薪酬：扣减和追索责任认定年度 30%—70% 的绩效年薪、扣减和追索责任认定年度（含）前三年 30%—70% 的任期激励收入并延期支付绩效年薪，终止尚未行使的中长期激励权益、三年内不得参加企业新的中长期激励。

2. 发生重大资产损失的，对直接责任人和主管责任人给予降职、改任非领导职务、责令辞职、免职和禁入限制等处理，同时按照以下标准扣减薪酬：扣减和追索责任认定年度 100% 的绩效年薪、扣减和追索责任认定年度（含）前三年 100% 的任期激励收入并延期支付绩效年薪、终止尚未行使的中长期激励权益、上缴责任认定年度（含）前三年的全部中长期激励收益、不得参加企业新的中长期激励。

对领导责任人给予调离工作岗位、降职、改任非领导职务、责令辞职、免职和禁入限制等处理，同时按照以下标准扣减薪酬：扣减和追索责任认定年度70%—100%的绩效年薪、扣减和追索责任认定年度（含）前三年70%—100%的任期激励收入并延期支付绩效年薪、终止尚未行使的中长期激励权益、上缴责任认定年度（含）前三年的全部中长期激励收益、五年内不得参加企业新的中长期激励。

3. 责任人在责任认定年度已不在本企业领取绩效年薪的，按离职前一年度全部绩效年薪及前三年任期激励收入总和计算，参照上述标准追索扣回其薪酬。

4. 对同一事件、同一责任人的薪酬扣减和追索，按照党纪政纪处分、责任追究等扣减薪酬处理的最高标准执行，但不合并使用。

（三）对资产损失频繁发生、金额巨大、后果严重、影响恶劣的，未及时采取措施或措施不力导致资产损失扩大的，以及瞒报、谎报资产损失的，应当从重处理。对及时采取措施减少、挽回损失并消除不良影响的，可以适当从轻处理。

（四）国有企业违规经营投资责任追究处理的具体标准，由各级履行出资人职责的机构根据资产损失程度、应当承担责任等情况，依照本意见制定。

六、责任追究工作的组织实施

（一）开展国有企业违规经营投资责任追究工作，应当遵循以下程序：

1. 受理。资产损失一经发现，应当立即按管辖规定及相关程序报告。受理部门应当对掌握的资产损失线索进行初步核实，属于责任追究范围的，应当及时启动责任追究工作。

2. 调查。受理部门应当按照职责权限及时组织开展调查，核查资产损失及相关业务情况、核实损失金额和损失情形、查清损失原因、认定相应责任、提出整改措施等，必要时可经批准组成联合调查组进行核查，并出具资产损失情况调查报告。

3. 处理。根据调查事实，依照管辖规定移送有关部门，按照管理权限和相关程序对相关责任人追究责任。相关责任人对处理决定有异议的，有权提出申诉，但申诉期间不停止原处理决定的执行。责任追究调查情况及处理结果在一定范围内公开。

4. 整改。发生资产损失的国有企业应当认真总结吸取教训，落实整改措施，堵塞管理漏洞，建立健全防范损失的长效机制。

（二）责任追究工作原则上按照干部管理权限组织开展，一般资产损失由本企业依据相关规定自行开展责任追究工作，上级企业或履行出资人职责的机构认为有必要的，可直接组织开展；达到较大或重大资产损失标准的，应当由上级企业或履行出资人职责的机构开展责任追究工作；多次发生重大资产损失或造成其他严重不良影响、资产损失金额特别巨大且危及企业生存发展的，应当由履行出资人职责的机构开展责任追究工作。

（三）对违反规定，未履行或未正确履行职责造成国有资产损失的董事，除依法承担赔偿责任外，应当依照公司法、公司章程及本意见规定对其进行处理。对重大资产损失负有直接责任的董事，应及时调整或解聘。

（四）经营投资责任调查期间，对相关责任人未支付或兑现的绩效年薪、任期激励收入、中长期激励收益等均应暂停支付或兑现；对有可能影响调查工作顺利开展的相关责任人，可视情采取停职、调离工作岗位、免职等措施。

（五）对发生安全生产、环境污染责任事故和重大不稳定事件的，按照国家有关规定另行处理。

七、工作要求

（一）各级履行出资人职责的机构要明确所出资企业负责人在经营投资活动中须履行的职责，引导其树立责任意识和风险意识，依法经营，廉洁从业，坚持职业操守，履职尽责，规范经营投资决策，维护国有资产安全。国有企业要依据公司法规定完善公司章程，建立健全重大决策评估、决策事项履职记录、决策过错认定等配套制度，细化各类经营投资责任清单，明确岗位职责和履职程序，不断提高经营投资责任管理的规范化、科学化水平。履行出资人职责的机构和国有企业应在有关外聘董事、职业经理人聘任合同中，明确违规经营投资责任追究的原则要求。

（二）各级履行出资人职责的机构和国有企业要按照本意见要求，建立健全违规经营投资责任追究制度，细化经营投资责任追究的原则、范围、依据、启动机制、程序、方式、标准和职责，保障违规经营投资责任追究工作有章可循、规范有序。国有企业违规经营投资责任追究制度应当报履行出资人职责的机构备案。

（三）国有企业要充分发挥党组织、审计、财务、法律、人力资源、巡视、纪检监察等部门的监督作用，形成联合实施、协同联动、规范有序的责任追究工作机制，重要情况和问题及时向履行出资人职责的机构报告。履行出资人职责的机构要加强与外派监事会、巡视组、审计机关、纪检监察机关、司法机关的协同配合，共同做好国有企业违规经营投资责任追究工作。对国有企业违规经营投资等重大违法违纪违规问题应当发现而未发现或敷衍不追、隐匿不报、查处不力的，严格追究企业和履行出资人职责的机构有关人员的失职渎职责任。

（四）各级履行出资人职责的机构和国有企业要做好国有企业违规经营投资责任追究相关制度的宣传解释工作，凝聚社会共识，为深入开展责任追究工作营造良好氛围；要结合对具体案例的调查处理，在适当范围进行总结和通报，探索向社会公开调查处理情况，接受社会监督，充分发挥警示教育作用。

本意见适用于国有及国有控股企业违规经营投资责任追究工作。金融、文化等国有企业违规经营投资责任追究工作，中央另有规定的依其规定执行。

国务院办公厅
2016 年 8 月 2 日

关于从事生产经营活动事业单位改革中国有资产管理的若干规定

财政部关于印发《关于从事生产经营活动事业单位改革中国有资产管理的若干规定》的通知

财资〔2017〕13号

党中央有关部门,国务院各部委、各直属机构,全国人大常委会办公厅,全国政协办公厅,高法院,高检院,各民主党派中央,有关人民团体,有关中央管理企业,各省、自治区、直辖市、计划单列市财政厅(局),新疆生产建设兵团财务局:

根据《中共中央 国务院关于分类推进事业单位改革的指导意见》(中发〔2011〕5号)、《国务院办公厅关于印发分类推进事业单位改革配套文件的通知》(国办发〔2011〕37号)、《中共中央办公厅 国务院办公厅关于印发〈关于从事生产经营活动事业单位改革的指导意见〉的通知》(厅字〔2016〕38号)精神,经研究,我们制定了《关于从事生产经营活动事业单位改革中国有资产管理的若干规定》,现予以印发,请遵照执行。

中华人民共和国财政部
2017年4月1日

根据《中共中央 国务院关于分类推进事业单位改革的指导意见》(中发〔2011〕5号)、《国务院办公厅关于印发分类推进事业单位改革配套文件的通知》(国办发〔2011〕37号)、《中共中央办

公厅 国务院办公厅关于印发〈关于从事生产经营活动事业单位改革的指导意见〉的通知》(厅字〔2016〕38号)精神,现就经批准的从事生产经营活动事业单位(以下简称"经营类事业单位")改革中涉及的国有资产管理工作作出以下规定:

一、总体要求

(一)经营类事业单位应当在明晰产权关系的基础上,根据单位实际情况,改革的途径、方式和步骤,分别依据相应的资产管理制度,切实做好国有资产清查、处置、运营和监管工作。

(二)经营类事业单位自改革方案批准之日起至改革完成之日止,原则上其资产不得用于对外投资、抵押、担保等可能影响资产权属关系的活动。

(三)原由主管部门管理的经营类事业单位转制为企业后,出资人机构已明确的,应当与原主管部门脱钩,由履行出资人职责机构依法实施监管。出资人机构未明确的,由原主管部门所属事业单位按照现行管理体制履行股东(或投资人)职责,依法实施监管,并稳步纳入党政机关和事业单位经营性国有资产集中统一监管体系。原为国有企业管理的经营类事业单位转企后,原则上由该国有企业履行出资人职责。

(四)本规定主要适用于中央级经营类事业单位改革中国有资产管理工作,各地方可以参照本规定,结合当地实际,制定经营类事业单位改革中有关国有资产管理的具体规定,并报财政部备案。

二、资产清查

(五)经营类事业单位应当将全部资产纳入资产清查(清产核资,下同)范围,进行全面清查登记,包括经营类事业单位本级及其下属各级企业(不含参股企业)、事业单位等各类资产,对参股企业资产总额、负债总额、所有者权益和股权关系等情况进行详细说明。

(六）各主管部门和行政事业单位应当在财政部门的监督指导下，组织所属经营类事业单位的资产清查工作。执行事业单位财务会计制度的经营类事业单位，按照财政部《行政事业单位资产清查核实管理办法》（财资〔2016〕1号）的规定执行。执行企业财务会计制度的经营类事业单位，参照《国有企业清产核资办法》（国资委令第1号）、《国有企业清产核资工作规程》（国资评价〔2003〕73号）的规定执行。

（七）资产清查要在改革方案批准后6个月内完成，并以改革方案批复之日的前一个会计月末作为清查工作基准日。改革方案批复实施视为资产清查工作立项，主管部门无需再履行资产清查立项程序。

（八）经营类事业单位应当按照《行政事业单位资产清查核实管理办法》（财资〔2016〕1号）规定逐级上报资产清查报告。主管部门对单位上报的资产清查结果审核同意后报送同级财政部门进行审核确认。

（九）对资产清查发现的资产盘盈、资产损失和资金挂账等事项进行核实。执行事业单位财务会计制度的经营类事业单位，按照《行政事业单位资产清查核实管理办法》（财资〔2016〕1号）等规定报批或备案；执行企业财务会计制度的经营类事业单位，按照《企业资产损失财务处理暂行办法》（财企〔2003〕233号）等规定执行。

（十）资产清查工作中，财政部门、主管部门和经营类事业单位认为必要时，可以委托社会中介机构对资产清查结果进行专项审计或复核。发生的审计费用，按照"谁委托、谁付费"的原则，由委托方承担。

三、资产处置

（十一）经营类事业单位应当遵循公平公正、公开透明的原则，严格规范工作程序，依法依规处置国有资产。根据经营类事业单位执行的财务、会计制度，分别按照各级财政部门关于事业单位国有资产处置或企业国有资产管理有关规定执行。

（十二）经营类事业单位转制为企业的，要在完成资产清查后按照企业财务、会计制度对各项资产、负债重新分类建账，全部资产扣除负债后，转作国家资本，并按照程序在转制单位内部公示，经主管部门审核后，报同级财政部门依法核定。

（十三）经营类事业单位整体或部分改制为有限责任公司或者股份有限公司及进行产权转让、国有资产流转等，要按照《中华人民共和国资产评估法》、《国有资产评估管理办法》（国务院令第91号）、《国有资产评估管理若干问题的规定》（财政部令第14号）等规定进行资产评估。资产评估结果在转制单位内部公示，经主管部门审核后，报财政部门核准或备案。

（十四）经营类事业单位涉及国有资产无偿调拨（划转）、协议转让的，应当按照《事业单位国有资产管理暂行办法》（财政部令第36号）、《中央级事业单位国有资产处置管理暂行办法》（财教〔2008〕495号）和《企业国有资产交易监督管理办法》（国资委、财政部令第32号）等国家关于事业单位资产处置和企业国有产权转让有关规定执行。

（十五）经营类事业单位国有资产出售，要按照规定程序批准后在产权交易机构通过公开竞价方式处置。以市场化方式处置资产要统筹安排、有序进行，防止因短期集中处置导致国有资产贱卖。

（十六）经营类事业单位人员、资产规模较小或无固定资产、转制后难以正常运转，需要予以撤销的，以及长期亏损、资不抵债、债权债务不清晰、历史遗留问题较多，经批准退出事业单位序列的，其财务资产管理按照《事业单位财务规则》（财政部令第68号）中关于事业单位清算相关规定以及《企业财务通则》（财政部令第41号）中关于企业重组清算等相关规定执行。

(十七) 经营类事业单位权属关系不明确或者存在权属纠纷的资产,须在权属界定明确后处置。资产权属关系确难以明确,或历史资料不齐全、或依据现行法律法规和历史文件材料无法判断资产产权归属的,暂按国有资产管理。处置被设置为担保物的国有资产,应当符合《中华人民共和国担保法》、《中华人民共和国物权法》等法律有关规定。

(十八) 涉及土地资产管理的,按照《中共中央办公厅 国务院办公厅关于印发〈关于从事生产经营活动事业单位改革的指导意见〉的通知》(厅字〔2016〕38号) 的规定执行。即经营类事业单位涉及的原划拨土地,转制为企业后用途符合划拨用地目录的,可继续以划拨方式使用;不符合划拨用地目录的,应当依法实行有偿使用。转制为一般竞争性企业的,原生产经营性划拨用地可采用协议出让或租赁方式进行土地资产处置;经省级以上人民政府批准实行授权经营的国有独资企业、国有独资公司、国有资本控股公司等企业,原生产经营性划拨用地,经批准可采用国家作价出资(入股)方式配置。

(十九) 转企改制过程中,涉及经营类事业单位占用行政办公用房清理腾退问题的,按照《中共中央办公厅 国务院办公厅关于党政机关停止新建楼堂馆所和清理办公用房的通知》(中办发〔2013〕17号) 等有关规定执行。

(二十) 执行事业单位财务、会计制度的经营类事业单位的国有资产处置收入在扣除相关税金、评估费、拍卖佣金和符合规定的人员安置等费用及清偿债务后,剩余收入上缴国库。

(二十一) 经营类事业单位债权债务,实际发生的抵押、担保等责任应当一并划转移交,原则上由转企改制后的企业承接。

四、运营管理

(二十二) 经营类事业单位转制为企业后,要遵循市场经济规律和企业发展规律,坚持所有权与经营权分离,权利、义务、责任相统一,激励机制和约束机制相结合,真正成为依法自主经营、自负盈亏、自担风险、自我约束、自我发展的独立市场主体。

(二十三)转制后企业要完善现代企业制度,健全公司法人治理结构,建立权责对等、运转协调、有效制衡的决策执行监督机制,规范董事长、总经理行权行为,充分发挥董事会的决策作用、监事会的监督作用、经理层的经营管理作用。

(二十四)加强转制后企业党的领导,充分发挥党组织领导核心作用和政治核心作用,坚持党的领导和公司治理有机统一,严格落实党建责任。

(二十五)转制后企业要按照《企业国有资产产权登记管理办法》(国务院令第192号)和《事业单位及事业单位所办企业国有资产产权登记管理办法》(财教〔2012〕242号)等有关规定办理企业国有资产产权登记手续。

五、资产监管

(二十六)各级财政部门和主管部门应当认真履行国有资产监管职责,按照现行国有资产管理体制和职责分工,切实做好经营类事业单位改革中国有资产管理工作。对改革中涉及国有资产的有关审批事项,应当按照国家有关法律法规和本规定要求执行,严禁改革过程中以私分、低价变卖、虚报损失等手段转移、侵占国有资产,严禁随意处置国有资产。

(二十七)各级财政部门、主管部门、行政事业单位及其工作人员在经营类事业单位改革中,存在滥用职权、玩忽职守、徇私舞弊等违法违纪行为的,按照《中华人民共和国公务员法》、《中华人民共和国行政监察法》、《财政违法行为处罚处分条例》(国务院令第472号)等国家有关规定追究相应责任;涉嫌犯罪的,移送司法机关处理。

(二十八)转制后企业履行出资人职责的机构要以管资本为主推进国有资产监管机构职能转变,准确把握依法履行出资人职责的定位，科学界定国有资产出资人监管的边界，建立监管权力清单和责任清单，实现以管企业为主向以管资本为主的转变，并切实做好转制后企业改制上市、产权转让、资产重组等重大事项的监管工作。出资人机构未明确的，由原主管部门所属事业单位履行股东（或投资人）职责，按照现行管理体制，遵循"事企分开"的原则，与转制后企业建立以资本为纽带的产权关系，加强和规范对转制后企业的监管，确保国有资产保值增值。

中央企业负责人经营业绩考核办法

国务院国有资产监督管理委员会令
第33号

《中央企业负责人经营业绩考核办法》已经国务院国有资产监督管理委员会主任办公会议审议通过，并报经深化国有企业负责人薪酬制度改革工作领导小组同意，现予公布。本办法自公布之日起施行。

国务院国有资产监督管理委员会主任
2016年12月8日

第一章 总 则

第一条 为切实履行企业国有资产出资人职责，维护所有者权益，落实国有资产保值增值责任，建立健全有效的激励和约束机制，引导中央企业提质增效升级，实现做强做优做大，根据《中华人民共和国企业国有资产法》、《企业国有资产监督管理暂行条例》等有关法律法规和《中共中央 国务院关于深化国有企业改革的指导意见》以及深化中央管理企业负责人薪酬制度改革等有关规定，制定本办法。

第二条　本办法考核的中央企业负责人,是指经国务院授权由国务院国有资产监督管理委员会(以下简称国资委)履行出资人职责的国家出资企业(以下简称企业)中由中央和国资委管理的人员。

第三条　企业负责人经营业绩考核遵循以下原则:

(一)坚持依法依规。严格执行国家有关法律法规,按照权利、义务、责任相统一的要求,建立健全依法合规经营、可追溯的资产经营责任制。

(二)坚持市场化改革方向。根据市场经济的内在要求,遵循企业发展规律,实行与企业功能定位、经营性质和业务特点相适应的分类考核,提高考核的针对性和有效性。

(三)坚持与激励约束紧密结合。建立与企业负责人选任方式相匹配、与企业功能定位相适应、与经营业绩紧密挂钩的差异化激励约束机制。

(四)坚持短期目标与长远发展相统一。强化国际对标和行业对标,构建年度考核与任期考核相结合,立足当前、着眼长远的考核体系。

第四条　年度经营业绩考核和任期经营业绩考核采取由国资委主任或者其授权代表与企业主要负责人签订经营业绩责任书的方式进行。

第二章　考核导向

第五条　突出发展质量,引导企业牢固树立创新、协调、绿色、开放、共享的发展理念,主动适应和引领经济发展新常态,不断改善经营管理,实现高质量、可持续的发展。

第六条　注重资本运营效率,引导企业以提高经济效益为中心,优化资本布局、规范资本运作、提高资本回报、维护资本安全,提高价值创造能力。

第七条　准确界定企业功能,引导企业在服务国家战略目标、保障国家安全和国民经济运行、发展前瞻性战略性产业以及完成特殊任务中发挥重要作用,增强国有经济活力、放大国有资本功能。

第八条　坚持创新发展,引导企业深入实施创新驱动发展战略,强化自主创新,加强协同创新,大力推动大众创业万众创新,加快科技成果转化,提升核心竞争力。

第九条　重视国际化经营,引导企业积极稳妥参与"一带一路"重大项目建设,加强国际产能和装备制造合作,推动产品、技术、标准、服务走出去,规范、有序参与国际市场竞争,培育具有世界一流水平的跨国公司。

第十条　健全问责机制,引导企业科学决策,依法合规经营,防范经营风险,防止国有资产流失。

第三章　分类考核

第十一条　根据国有资本的战略定位和发展目标,结合企业实际,对不同功能和类别的企业,突出不同考核重点,合理设置经营业绩考核指标及权重,确定差异化考核标准,实施分类考核。

第十二条　对主业处于充分竞争行业和领域的商业类企业,以增强国有经济活力、放大国有资本功能、实现国有资本保值增值为导向,重点考核企业经济效益、资本回报水平和市场竞争能力,引导企业提高资本运营效率,提升价值创造力。鼓励企业积极承担社会责任。

第十三条　对主业处于关系国家安全、国民经济命脉的重要行业和关键领域、主要承担重大专项任务的商业类企业,以支持企业可持续发展和服务国家战略为导向,在保证合理回报和国有资本保值增值的基础上,加强对服务国家战略、保障国家安全和国民经济运行、发展前瞻性战略性产业以及完成重大专项任务情况的考核。适度调整经济效益指标和国有资本保值增值率指标考核权重,合理确定经济增加值指标的资本成本率。承担国家安全、行业共性技术或国家重大专项任务完成情况较差的企业,无特殊客观原因的,在业绩考核中予以扣分或降级处理。

第十四条 对公益类企业,以支持企业更好地保障民生、服务社会、提供公共产品和服务为导向,坚持经济效益和社会效益相结合,把社会效益放在首位,重点考核产品服务质量、成本控制、营运效率和保障能力。根据不同企业特点,有区别地将经济增加值和国有资本保值增值率指标纳入年度和任期考核,适当降低考核权重和回报要求。对社会效益指标引入第三方评价,评价结果较差的企业,根据具体情况,在业绩考核中予以扣分或降级处理。

第十五条 根据企业经营性质、发展阶段、管理短板和产业功能,设置有针对性的差异化考核指标。

第十六条 建立健全业绩考核特殊事项清单管理制度。将企业承担的保障国家安全、提供公共服务、发展重要前瞻性战略性产业、实施"走出去"重大战略项目等特殊事项列入管理清单,对当期经营业绩产生重大影响的特殊事项,在考核时予以适当处理。

第四章　目标管理

第十七条 国资委按照企业发展与国民经济发展速度相适应、与在国家经济建设中骨干地位作用相匹配、与做强做优做大要求相符合的原则,主导确定企业经营业绩总体目标(以下简称总体目标)。

第十八条 企业考核目标值应与总体目标相衔接,根据不同功能企业情况,以基准值为基础予以核定。

第十九条 年度考核基准值根据企业考核指标上年完成值、前三年完成值的平均值和外部因素、行业对标情况综合确定。

  第二十条 年度利润总额、经济增加值（也称经济利润，下同）指标目标值设置为三档。

  第一档：目标值达到历史最好水平，或者明显好于上年完成值且增幅高于企业总体目标。

  第二档：目标值不低于基准值。

  第三档：目标值低于基准值。

  经行业对标，目标值处于国际优秀水平或国内领先水平的，不进入第三档目标。

  第二十一条 国资委将企业年度利润总额、经济增加值指标目标值与考核计分、结果评级紧密结合。

  第一档目标值，完成后指标得满分，同时根据目标值先进程度给予加分奖励。

  第二档目标值，完成后正常计分。

  第三档目标值，完成后加分受限，考核结果不得进入 A 级。

  第二十二条 利润总额目标值与工资总额预算挂钩。

  第一档目标值，工资总额预算高于上年水平。超额完成目标的，按照工资总额预算管理制度可以实施特别奖励。

  第二档目标值，工资总额预算原则上不低于上年水平（目标值低于上年完成值较多的除外）。

  第三档目标值，工资总额预算比上年应有所下降。

  第二十三条 任期考核基准值根据上一任期完成值和上一任期第三年完成值综合确定。各项考核目标值经对标处于行业优秀水平的完成后得满分；考核目标值低于基准值的加分受限。

第五章 考核实施

  第二十四条 企业负责人经营业绩考核工作在国资委领导下，

由国资委业绩考核领导小组组织实施。

第二十五条 年度经营业绩考核以公历年为考核期,任期经营业绩考核以三年为考核期。

第二十六条 经营业绩责任书内容:

(一)双方的单位名称、职务和姓名;

(二)考核内容及指标;

(三)考核与奖惩;

(四)责任书的变更、解除和终止;

(五)其他需要约定的事项。

第二十七条 经营业绩责任书签订程序:

(一)考核期初,企业按照国资委经营业绩考核要求,将考核期内考核目标建议值和必要的说明材料报送国资委。

(二)国资委对考核目标建议值进行审核,并就考核目标值及有关内容同企业沟通后予以确定。

(三)由国资委主任或者其授权代表同企业主要负责人签订经营业绩责任书。

第二十八条 考核期中,国资委对经营业绩责任书执行情况实施动态监控,对考核目标完成进度不理想的企业提出预警。

第二十九条 建立重大事项报告制度。企业发生较大及以上生产安全事故、重大及以上突发环境事件、重大及以上质量事故、重大资产损失、重大法律纠纷案件、重大投融资和资产重组等,对经营业绩产生重大影响的,应及时向国资委报告,同时抄报派驻本企业监事会。

第三十条 经营业绩完成情况按照下列程序进行考核:

(一)考核期末,企业依据经审计的财务决算数据,形成经营业绩总结分析报告报送国资委,同时抄送派驻本企业监事会。

(二)国资委依据经审计并经审核的企业财务决算报告和经审查的统计数据,结合总结分析报告并听取监事会意见,对企业负责人考核目标的完成情况进行考核，形成考核与奖惩意见。

（三）国资委将考核与奖惩意见反馈给企业负责人所在企业。企业负责人对考核与奖惩意见有异议的，可及时向国资委反映。国资委将最终确认的考核结果在一定范围内公开。

第三十一条　落实董事会对经理层的经营业绩考核职权。

（一）由董事会考核经理层的企业，国资委与董事会授权代表签订年度和任期经营业绩责任书，董事会依据国资委考核要求并结合本企业实际对经理层实施经营业绩考核。

（二）国资委根据签订的经营业绩责任书和董事会企业考核目标完成情况，确定企业主要负责人年度和任期经营业绩考核得分和等级。

（三）董事会根据国资委确定的经营业绩考核结果，结合经理层个人履职绩效，确定经理层考核结果和薪酬分配方案。

第三十二条　董事会应制订、完善企业内部的经营业绩考核办法，报国资委备案。

第六章　奖　惩

第三十三条　年度经营业绩考核和任期经营业绩考核等级分为A、B、C、D四个级别。

第三十四条　国资委依据年度和任期经营业绩考核结果对企业负责人实施奖惩。经营业绩考核结果作为企业负责人薪酬分配的主要依据和职务任免的重要依据。

第三十五条　企业负责人的薪酬由基本年薪、绩效年薪、任期激励收入三部分构成。基本年薪是企业负责人的年度基本收入。

第三十六条　对企业负责人实行物质激励与精神激励。物质激励主要包括与经营业绩考核结果挂钩的绩效年薪和任期激励收入。精神激励主要包括给予任期通报表扬等方式。

第三十七条 企业负责人的绩效年薪以基本年薪为基数,根据年度经营业绩考核结果并结合绩效年薪调节系数确定。

第三十八条 绩效年薪按照一定比例实施按月预发放。国资委依据年度经营业绩半年预评估结果对企业负责人预发绩效年薪予以调整,有关办法另行制定。

第三十九条 任期激励收入根据任期经营业绩考核结果,在不超过企业负责人任期内年薪总水平的30%以内确定。

第四十条 企业负责人年度综合考核评价为不胜任的,不得领取绩效年薪。任期综合考核评价为不胜任的,不得领取任期激励收入。

第四十一条 企业主要负责人的分配系数为1,其余被考核人的分配系数由企业根据各负责人的经营业绩考核结果,在0.6—0.9之间确定,适度拉开差距。分配方案报国资委审核备案后执行,同时抄送派驻本企业的监事会。

第四十二条 对取得重大科技创新成果、承担重大专项任务和社会参与作出突出贡献的,在年度经营业绩考核中给予加分奖励。

第四十三条 对经营业绩优秀及在科技创新、品牌建设、国际化经营、节能减排方面取得突出成绩的,经国资委评定后对企业予以任期激励。

第四十四条 连续两年年度经营业绩考核结果为D级或任期经营业绩考核结果为D级的企业,且无重大客观原因的,对企业负责人予以调整。

第四十五条 企业发生下列情形之一的,国资委根据具体情节给予降级或者扣分处理,并相应扣发或追索扣回企业法定代表人及相关负责人的绩效年薪或任期激励收入;情节严重的,给予纪律处分或者对企业负责人进行调整;涉嫌犯罪的,依法移送司法机关处理:

(一)违反《中华人民共和国会计法》、《企业会计准则》等有关法律法规规章，虚报、瞒报财务状况的；

（二）企业法定代表人及相关负责人违反国家法律法规和规定，导致重大决策失误、较大及以上生产安全责任事故、重大质量责任事故、重大环境污染责任事故、重大违纪和法律纠纷案件、境外恶性竞争，造成重大不良影响或者国有资产损失的。

第七章 附 则

第四十六条 企业在考核期内发生清产核资、改制重组、主要负责人变动等情况，国资委可以根据具体情况变更经营业绩责任书的相关内容。

第四十七条 中央企业专职党组织负责人、纪委书记（纪检组组长）的考核有其他规定的，从其规定。

第四十八条 国有资本参股公司、被兼并企业中由国资委管理的企业负责人，其经营业绩考核参照本办法执行。具体经营业绩考核事项在经营业绩责任书中确定。

第四十九条 对新组建尚未进入正常经营、主要从事专项技术研发的企业和国有资本投资运营公司，经营业绩考核实行一企一策。

第五十条 各省、自治区、直辖市和新疆生产建设兵团国有资产监督管理机构，设区的市、自治州级国有资产监督管理机构对国家出资企业负责人的经营业绩考核，可参照本办法并结合实际制定具体规定。

第五十一条 本办法由国资委负责解释，具体实施方案另行制定。

第五十二条 本办法自公布之日起施行。《中央企业负责人经营业绩考核暂行办法》（国资委令第30号）同时废止。

食品经营许可管理办法

国家食品药品监督管理总局令
第 17 号

《食品经营许可管理办法》已经国家食品药品监督管理总局局务会议审议通过,现予公布,自 2015 年 10 月 1 日起施行。

国家食品药品监督管理总局局长
2015 年 8 月 31 日

第一章 总 则

第一条 为规范食品经营许可活动,加强食品经营监督管理,保障食品安全,根据《中华人民共和国食品安全法》《中华人民共和国行政许可法》等法律法规,制定本办法。

第二条 在中华人民共和国境内,从事食品销售和餐饮服务活动,应当依法取得食品经营许可。

食品经营许可的申请、受理、审查、决定及其监督检查,适用本办法。

第三条 食品经营许可应当遵循依法、公开、公平、公正、便民、高效的原则。

第四条 食品经营许可实行一地一证原则，即食品经营者在一个经营场所从事食品经营活动，应当取得一个食品经营许可证。

第五条 食品药品监督管理部门按照食品经营主体业态和经营项目的风险程度对食品经营实施分类许可。

第六条 国家食品药品监督管理总局负责监督指导全国食品经营许可管理工作。

县级以上地方食品药品监督管理部门负责本行政区域内的食品经营许可管理工作。

省、自治区、直辖市食品药品监督管理部门可以根据食品类别和食品安全风险状况，确定市、县级食品药品监督管理部门的食品经营许可管理权限。

第七条 国家食品药品监督管理总局负责制定食品经营许可审查通则。

县级以上地方食品药品监督管理部门实施食品经营许可审查，应当遵守食品经营许可审查通则。

第八条 县级以上食品药品监督管理部门应当加快信息化建设，在行政机关的网站上公布经营许可事项，方便申请人采取数据电文等方式提出经营许可申请，提高办事效率。

第二章 申请与受理

第九条 申请食品经营许可，应当先行取得营业执照等合法主体资格。

企业法人、合伙企业、个人独资企业、个体工商户等，以营业执照载明的主体作为申请人。

机关、事业单位、社会团体、民办非企业单位、企业等申办单位食堂，以机关或者事业单位法人登记证、社会团体登记证或者营业执照等载明的主体作为申请人。

第十条 申请食品经营许可，应当按照食品经营主体业态和经营项目分类提出。

食品经营主体业态分为食品销售经营者、餐饮服务经营者、单位食堂。食品经营者申请通过网络经营、建立中央厨房或者从事集体用餐配送的，应当在主体业态后以括号标注。

食品经营项目分为预包装食品销售（含冷藏冷冻食品、不含冷藏冷冻食品）、散装食品销售（含冷藏冷冻食品、不含冷藏冷冻食品）、特殊食品销售（保健食品、特殊医学用途配方食品、婴幼儿配方乳粉、其他婴幼儿配方食品）、其他类食品销售；热食类食品制售、冷食类食品制售、生食类食品制售、糕点类食品制售、自制饮品制售、其他类食品制售等。

列入其他类食品销售和其他类食品制售的具体品种应当报国家食品药品监督管理总局批准后执行，并明确标注。具有热、冷、生、固态、液态等多种情形，难以明确归类的食品，可以按照食品安全风险等级最高的情形进行归类。

国家食品药品监督管理总局可以根据监督管理工作需要对食品经营项目类别进行调整。

第十一条 申请食品经营许可，应当符合下列条件：

（一）具有与经营的食品品种、数量相适应的食品原料处理和食品加工、销售、贮存等场所，保持该场所环境整洁，并与有毒、有害场所以及其他污染源保持规定的距离；

（二）具有与经营的食品品种、数量相适应的经营设备或者设施，有相应的消毒、更衣、盥洗、采光、照明、通风、防腐、防尘、防蝇、防鼠、防虫、洗涤以及处理废水、存放垃圾和废弃物的设备或者设施；

（三）有专职或者兼职的食品安全管理人员和保证食品安全的

规章制度；

（四）具有合理的设备布局和工艺流程，防止待加工食品与直接入口食品、原料与成品交叉污染，避免食品接触有毒物、不洁物；

（五）法律、法规规定的其他条件。

第十二条 申请食品经营许可，应当向申请人所在地县级以上地方食品药品监督管理部门提交下列材料：

（一）食品经营许可申请书；

（二）营业执照或者其他主体资格证明文件复印件；

（三）与食品经营相适应的主要设备设施布局、操作流程等文件；

（四）食品安全自查、从业人员健康管理、进货查验记录、食品安全事故处置等保证食品安全的规章制度。

利用自动售货设备从事食品销售的，申请人还应当提交自动售货设备的产品合格证明、具体放置地点，经营者名称、住所、联系方式、食品经营许可证的公示方法等材料。

申请人委托他人办理食品经营许可申请的，代理人应当提交授权委托书以及代理人的身份证明文件。

第十三条 申请人应当如实向食品药品监督管理部门提交有关材料和反映真实情况，对申请材料的真实性负责，并在申请书等材料上签名或者盖章。

第十四条 县级以上地方食品药品监督管理部门对申请人提出的食品经营许可申请，应当根据下列情况分别作出处理：

（一）申请事项依法不需要取得食品经营许可的，应当即时告知申请人不受理。

（二）申请事项依法不属于食品药品监督管理部门职权范围的，应当即时作出不予受理的决定，并告知申请人向有关行政机关申请。

（三）申请材料存在可以当场更正的错误的，应当允许申请人当场更正，由申请人在更正处签名或者盖章，注明更正日期。

（四）申请材料不齐全或者不符合法定形式的，应当当场或者在5个工作日内一次告知申请人需要补正的全部内容。当场告知的，应当将申请材料退回申请人；在5个工作日内告知的，应当收取申请材料并出具收到申请材料的凭据。逾期不告知的，自收到申请材料之日起即为受理。

（五）申请材料齐全、符合法定形式，或者申请人按照要求提交全部补正材料的，应当受理食品经营许可申请。

第十五条 县级以上地方食品药品监督管理部门对申请人提出的申请决定予以受理的，应当出具受理通知书；决定不予受理的，应当出具不予受理通知书，说明不予受理的理由，并告知申请人依法享有申请行政复议或者提起行政诉讼的权利。

第三章　审查与决定

第十六条 县级以上地方食品药品监督管理部门应当对申请人提交的许可申请材料进行审查。需要对申请材料的实质内容进行核实的，应当进行现场核查。仅申请预包装食品销售（不含冷藏冷冻食品）的，以及食品经营许可变更不改变设施和布局的，可以不进行现场核查。

现场核查应当由符合要求的核查人员进行。核查人员不得少于2人。核查人员应当出示有效证件，填写食品经营许可现场核查表，制作现场核查记录，经申请人核对无误后，由核查人员和申请人在核查表和记录上签名或者盖章。申请人拒绝签名或者盖章的，核查人员应当注明情况。

食品药品监督管理部门可以委托下级食品药品监督管理部门，对受理的食品经营许可申请进行现场核查。

核查人员应当自接受现场核查任务之日起 10 个工作日内，完成对经营场所的现场核查。

第十七条　除可以当场作出行政许可决定的外，县级以上地方食品药品监督管理部门应当自受理申请之日起 20 个工作日内作出是否准予行政许可的决定。因特殊原因需要延长期限的，经本行政机关负责人批准，可以延长 10 个工作日，并应当将延长期限的理由告知申请人。

第十八条　县级以上地方食品药品监督管理部门应当根据申请材料审查和现场核查等情况，对符合条件的，作出准予经营许可的决定，并自作出决定之日起 10 个工作日内向申请人颁发食品经营许可证；对不符合条件的，应当及时作出不予许可的书面决定并说明理由，同时告知申请人依法享有申请行政复议或者提起行政诉讼的权利。

第十九条　食品经营许可证发证日期为许可决定作出的日期，有效期为 5 年。

第二十条　县级以上地方食品药品监督管理部门认为食品经营许可申请涉及公共利益的重大事项，需要听证的，应当向社会公告并举行听证。

第二十一条　食品经营许可直接涉及申请人与他人之间重大利益关系的，县级以上地方食品药品监督管理部门在作出行政许可决定前，应当告知申请人、利害关系人享有要求听证的权利。

申请人、利害关系人在被告知听证权利之日起 5 个工作日内提出听证申请的，食品药品监督管理部门应当在 20 个工作日内组织听证。听证期限不计算在行政许可审查期限之内。

第四章　许可证管理

第二十二条　食品经营许可证分为正本、副本。正本、副本具有同等法律效力。

国家食品药品监督管理总局负责制定食品经营许可证正本、副本式样。省、自治区、直辖市食品药品监督管理部门负责本行政区域食品经营许可证的印制、发放等管理工作。

第二十三条　食品经营许可证应当载明：经营者名称、社会信用代码（个体经营者为身份证号码）、法定代表人（负责人）、住所、经营场所、主体业态、经营项目、许可证编号、有效期、日常监督管理机构、日常监督管理人员、投诉举报电话、发证机关、签发人、发证日期和二维码。

在经营场所外设置仓库（包括自有和租赁）的，还应当在副本中载明仓库具体地址。

第二十四条　食品经营许可证编号由JY（"经营"的汉语拼音字母缩写）和14位阿拉伯数字组成。数字从左至右依次为：1位主体业态代码、2位省（自治区、直辖市）代码、2位市（地）代码、2位县（区）代码、6位顺序码、1位校验码。

第二十五条　日常监督管理人员为负责对食品经营活动进行日常监督管理的工作人员。日常监督管理人员发生变化的，可以通过签章的方式在许可证上变更。

第二十六条　食品经营者应当妥善保管食品经营许可证，不得伪造、涂改、倒卖、出租、出借、转让。

食品经营者应当在经营场所的显著位置悬挂或者摆放食品经营许可证正本。

第五章　变更、延续、补办与注销

第二十七条　食品经营许可证载明的许可事项发生变化的，食品经营者应当在变化后10个工作日内向原发证的食品药品监督管理部门申请变更经营许可。

经营场所发生变化的,应当重新申请食品经营许可。外设仓库地址发生变化的,食品经营者应当在变化后 10 个工作日内向原发证的食品药品监督管理部门报告。

第二十八条 申请变更食品经营许可的,应当提交下列申请材料:

(一)食品经营许可变更申请书;

(二)食品经营许可证正本、副本;

(三)与变更食品经营许可事项有关的其他材料。

第二十九条 食品经营者需要延续依法取得的食品经营许可的有效期的,应当在该食品经营许可有效期届满 30 个工作日前,向原发证的食品药品监督管理部门提出申请。

第三十条 食品经营者申请延续食品经营许可,应当提交下列材料:

(一)食品经营许可延续申请书;

(二)食品经营许可证正本、副本;

(三)与延续食品经营许可事项有关的其他材料。

第三十一条 县级以上地方食品药品监督管理部门应当根据被许可人的延续申请,在该食品经营许可有效期届满前作出是否准予延续的决定。

第三十二条 县级以上地方食品药品监督管理部门应当对变更或者延续食品经营许可的申请材料进行审查。

申请人声明经营条件未发生变化的,县级以上地方食品药品监督管理部门可以不再进行现场核查。

申请人的经营条件发生变化,可能影响食品安全的,食品药品监督管理部门应当就变化情况进行现场核查。

第三十三条 原发证的食品药品监督管理部门决定准予变更的,应当向申请人颁发新的食品经营许可证。食品经营许可证编号不变,发证日期为食品药品监督管理部门作出变更许可决定的日期，有效期与原证书一致。

第三十四条　原发证的食品药品监督管理部门决定准予延续的，应当向申请人颁发新的食品经营许可证，许可证编号不变，有效期自食品药品监督管理部门作出延续许可决定之日起计算。

不符合许可条件的，原发证的食品药品监督管理部门应当作出不予延续食品经营许可的书面决定，并说明理由。

第三十五条　食品经营许可证遗失、损坏的，应当向原发证的食品药品监督管理部门申请补办，并提交下列材料：

（一）食品经营许可证补办申请书；

（二）食品经营许可证遗失的，申请人应当提交在县级以上地方食品药品监督管理部门网站或者其他县级以上主要媒体上刊登遗失公告的材料；食品经营许可证损坏的，应当提交损坏的食品经营许可证原件。

材料符合要求的，县级以上地方食品药品监督管理部门应当在受理后20个工作日内予以补发。

因遗失、损坏补发的食品经营许可证，许可证编号不变，发证日期和有效期与原证书保持一致。

第三十六条　食品经营者终止食品经营，食品经营许可被撤回、撤销或者食品经营许可证被吊销的，应当在30个工作日内向原发证的食品药品监督管理部门申请办理注销手续。

食品经营者申请注销食品经营许可的，应当向原发证的食品药品监督管理部门提交下列材料：

（一）食品经营许可注销申请书；

（二）食品经营许可证正本、副本；

（三）与注销食品经营许可有关的其他材料。

第三十七条　有下列情形之一，食品经营者未按规定申请办理注销手续的，原发证的食品药品监督管理部门应当依法办理食品经营许可注销手续：

（一）食品经营许可有效期届满未申请延续的；
（二）食品经营者主体资格依法终止的；
（三）食品经营许可依法被撤回、撤销或者食品经营许可证依法被吊销的；
（四）因不可抗力导致食品经营许可事项无法实施的；
（五）法律法规规定的应当注销食品经营许可的其他情形。

食品经营许可被注销的，许可证编号不得再次使用。

第三十八条　食品经营许可证变更、延续、补办与注销的有关程序参照本办法第二章和第三章的有关规定执行。

第六章　监督检查

第三十九条　县级以上地方食品药品监督管理部门应当依据法律法规规定的职责，对食品经营者的许可事项进行监督检查。

第四十条　县级以上地方食品药品监督管理部门应当建立食品许可管理信息平台，便于公民、法人和其他社会组织查询。

县级以上地方食品药品监督管理部门应当将食品经营许可颁发、许可事项检查、日常监督检查、许可违法行为查处等情况记入食品经营者食品安全信用档案，并依法向社会公布；对有不良信用记录的食品经营者应当增加监督检查频次。

第四十一条　县级以上地方食品药品监督管理部门日常监督管理人员负责所管辖食品经营者许可事项的监督检查，必要时，应当依法对相关食品仓储、物流企业进行检查。

日常监督管理人员应当按照规定的频次对所管辖的食品经营者实施全覆盖检查。

第四十二条　县级以上地方食品药品监督管理部门及其工作人员履行食品经营许可管理职责，应当自觉接受食品经营者和社会监督。

接到有关工作人员在食品经营许可管理过程中存在违法行为的举报,食品药品监督管理部门应当及时进行调查核实。情况属实的,应当立即纠正。

第四十三条 县级以上地方食品药品监督管理部门应当建立食品经营许可档案管理制度,将办理食品经营许可的有关材料、发证情况及时归档。

第四十四条 国家食品药品监督管理总局可以定期或者不定期组织对全国食品经营许可工作进行监督检查;省、自治区、直辖市食品药品监督管理部门可以定期或者不定期组织对本行政区域内的食品经营许可工作进行监督检查。

第七章 法律责任

第四十五条 未取得食品经营许可从事食品经营活动的,由县级以上地方食品药品监督管理部门依照《中华人民共和国食品安全法》第一百二十二条的规定给予处罚。

第四十六条 许可申请人隐瞒真实情况或者提供虚假材料申请食品经营许可的,由县级以上地方食品药品监督管理部门给予警告。申请人在1年内不得再次申请食品经营许可。

第四十七条 被许可人以欺骗、贿赂等不正当手段取得食品经营许可的,由原发证的食品药品监督管理部门撤销许可,并处1万元以上3万元以下罚款。被许可人在3年内不得再次申请食品经营许可。

第四十八条 违反本办法第二十六条第一款规定,食品经营者伪造、涂改、倒卖、出租、出借、转让食品经营许可证的,由县级以上地方食品药品监督管理部门责令改正,给予警告,并处1万元以下罚款;情节严重的,处1万元以上3万元以下罚款。

违反本办法第二十六条第二款规定,食品经营者未按规定在经营场所的显著位置悬挂或者摆放食品经营许可证的,由县级以上地方食品药品监督管理部门责令改正；拒不改正的，给予警告。

第四十九条　违反本办法第二十七条第一款规定，食品经营许可证载明的许可事项发生变化，食品经营者未按规定申请变更经营许可的，由原发证的食品药品监督管理部门责令改正，给予警告；拒不改正的，处2000元以上1万元以下罚款。

违反本办法第二十七条第二款规定或者第三十六条第一款规定，食品经营者外设仓库地址发生变化，未按规定报告的，或者食品经营者终止食品经营，食品经营许可被撤回、撤销或者食品经营许可证被吊销，未按规定申请办理注销手续的，由原发证的食品药品监督管理部门责令改正；拒不改正的，给予警告，并处2000元以下罚款。

第五十条　被吊销经营许可证的食品经营者及其法定代表人、直接负责的主管人员和其他直接责任人员自处罚决定作出之日起5年内不得申请食品生产经营许可，或者从事食品生产经营管理工作、担任食品生产经营企业食品安全管理人员。

第五十一条　食品药品监督管理部门对不符合条件的申请人准予许可，或者超越法定职权准予许可的，依照《中华人民共和国食品安全法》第一百四十四条的规定给予处分。

第八章　附　则

第五十二条　本办法下列用语的含义：

（一）单位食堂，指设于机关、事业单位、社会团体、民办非企业单位、企业等，供应内部职工、学生等集中就餐的餐饮服务提供者；

（二）预包装食品，指预先定量包装或者制作在包装材料和容器中的食品，包括预先定量包装以及预先定量制作在包装材料和容器中并且在一定量限范围内具有统一的质量或体积标识的食品；

（三）散装食品，指无预先定量包装，需称重销售的食品，包

括无包装和带非定量包装的食品;

（四）热食类食品，指食品原料经粗加工、切配并经过蒸、煮、烹、煎、炒、烤、炸等烹饪工艺制作，在一定热度状态下食用的即食食品，含火锅和烧烤等烹饪方式加工而成的食品等；

（五）冷食类食品，指一般无需再加热，在常温或者低温状态下即可食用的食品，含熟食卤味、生食瓜果蔬菜、腌菜等；

（六）生食类食品，一般特指生食水产品；

（七）糕点类食品，指以粮、糖、油、蛋、奶等为主要原料经焙烤等工艺现场加工而成的食品，含裱花蛋糕等；

（八）自制饮品，指经营者现场制作的各种饮料，含冰淇淋等；

（九）中央厨房，指由餐饮单位建立的，具有独立场所及设施设备，集中完成食品成品或者半成品加工制作并配送的食品经营者；

（十）集体用餐配送单位，指根据服务对象订购要求，集中加工、分送食品但不提供就餐场所的食品经营者；

（十一）其他类食品，指区域性销售食品、民族特色食品、地方特色食品等。

本办法所称的特殊医学用途配方食品，是指国家食品药品监督管理总局按照分类管理原则确定的可以在商场、超市等食品销售场所销售的特殊医学用途配方食品。

第五十三条 对食品摊贩等的监督管理，按照省、自治区、直辖市制定的具体管理办法执行。

第五十四条 食品经营者在本办法施行前已经取得的许可证在有效期内继续有效。

第五十五条 各省、自治区、直辖市食品药品监督管理部门可以根据本行政区域实际情况，制定有关食品经营许可管理的具体实施办法。

第五十六条 本办法自 2015 年 10 月 1 日起施行。

附 录

食品生产经营日常监督检查管理办法

国家食品药品监督管理总局令

第 23 号

《食品生产经营日常监督检查管理办法》已于2016年2月16日经国家食品药品监督管理总局局务会议审议通过，现予公布，自2016年5月1日起施行。

国家食品药品监督管理总局局长
2016年3月4日

第一章 总 则

第一条 为加强对食品生产经营活动的日常监督检查，落实食品生产经营者主体责任，保证食品安全，根据《中华人民共和国食品安全法》等法律法规，制定本办法。

第二条 食品药品监督管理部门对食品（含食品添加剂）生产经营者执行食品安全法律、法规、规章以及食品安全标准等情况实施日常监督检查，适用本办法。

第三条 食品生产经营日常监督检查应当遵循属地负责、全面覆盖、风险管理、信息公开的原则。

第四条 国家食品药品监督管理总局负责监督指导全国食品生

产经营日常监督检查工作。

省级食品药品监督管理部门负责监督指导本行政区域内食品生产经营日常监督检查工作。

市、县级食品药品监督管理部门负责实施本行政区域内食品生产经营日常监督检查工作。

第五条 市、县级食品药品监督管理部门实施食品生产经营日常监督检查，在全面覆盖的基础上，可以在本行政区域内随机选取食品生产经营者、随机选派监督检查人员实施异地检查、交叉互查。

第六条 食品生产经营者及其从业人员应当配合食品药品监督管理部门实施食品生产经营日常监督检查，保障监督检查人员依法履行职责。

第七条 省级以上食品药品监督管理部门应当加强食品生产经营日常监督检查信息化建设，市、县级食品药品监督管理部门应当记录、汇总、分析食品生产经营日常监督检查信息，完善日常监督检查措施。

食品生产经营者应当按照食品药品监督管理部门的要求提供食品生产经营相关数据信息。

第二章 监督检查事项

第八条 食品生产环节监督检查事项包括食品生产者的生产环境条件、进货查验结果、生产过程控制、产品检验结果、贮存及交付控制、不合格品管理和食品召回、从业人员管理、食品安全事故处置等情况。

除前款规定的监督检查事项外，保健食品生产环节监督检查事项还包括生产者资质、产品标签及说明书、委托加工、生产管理体系等情况。

第九条 食品销售环节监督检查事项包括食品销售者资质、从业人员健康管理、一般规定执行、禁止性规定执行、经营过程控制、进货查验结果、食品贮存、不安全食品召回、标签和说明书、特殊食品销售、进口食品销售、食品安全事故处置、食用农产品销售等情况，以及食用农产品集中交易市场开办者、柜台出租者、展销会举办者、网络食品交易第三方平台提供者、食品贮存及运输者等履行法律义务的情况。

第十条 餐饮服务环节监督检查事项包括餐饮服务提供者资质、从业人员健康管理、原料控制、加工制作过程、食品添加剂使用管理及公示、设备设施维护和餐饮具清洗消毒、食品安全事故处置等情况。

第三章 监督检查要求

第十一条 市、县级食品药品监督管理部门应当按照市、县人民政府食品安全年度监督管理计划，根据食品类别、企业规模、管理水平、食品安全状况、信用档案记录等因素，编制年度日常监督检查计划，实施食品安全风险管理。

日常监督检查计划应当包括检查事项、检查方式、检查频次以及抽检食品种类、抽查比例等内容。检查计划应当向社会公开。

第十二条 国家食品药品监督管理总局根据法律、法规、规章和食品安全国家标准有关食品生产经营者义务的规定，制定日常监督检查要点表。

省级食品药品监督管理部门可以根据需要，对日常监督检查要点表进行细化、补充。

市、县级食品药品监督管理部门应当按照日常监督检查要点表，对食品生产经营者实施日常监督检查。

第十三条 县级以上地方食品药品监督管理部门应当对监督检查人员进行食品安全法律、法规、规章、标准、专业知识以及监督检查要点的培训与考核。

第十四条　市、县级食品药品监督管理部门实施日常监督检查，应当由 2 名以上（含 2 名）监督检查人员参加。

监督检查人员应当由食品药品监督管理部门随机选派。

监督检查人员应当当场出示有效执法证件。

第十五条　根据日常监督检查计划，市、县级食品药品监督管理部门可以随机抽取日常监督检查要点表中的部分内容进行检查，并可以随机进行抽样检验。相关检查内容应当在实施检查前由食品药品监督管理部门予以明确，检查人员不得随意更改检查事项。

第十六条　市、县级食品药品监督管理部门每年对本行政区域内食品生产经营者的日常监督检查，原则上应当覆盖全部项目。

第十七条　实施食品生产经营日常监督检查，对重点项目应当以现场检查方式为主，对一般项目可以采取书面检查的方式。

第十八条　鼓励食品生产经营者选择食品安全第三方专业机构对自身的食品生产经营管理体系进行评价，评价结果作为日常监督检查的参考。

第十九条　监督检查人员应当按照日常监督检查要点表和检查结果记录表的要求，对日常监督检查情况如实记录，并综合进行判定，确定检查结果。

监督检查结果分为符合、基本符合与不符合 3 种形式。

日常监督检查结果应当记入食品生产经营者的食品安全信用档案。

第二十条　食品生产经营者应当按照食品药品监督管理部门的要求，开放食品生产经营场所，回答相关询问，提供相关合同、票据、账簿和其他有关资料，协助生产经营现场检查和抽样检验。

第二十一条　食品生产经营者应当按照监督检查人员要求，在现场检查、询问和抽样检验等文书上签字或者盖章。

被检查单位拒绝在日常监督检查结果记录表上签字或者盖章的，监督检查人员应当在日常监督检查结果记录表上注明原因，并可以邀请有关人员作为见证人签字、盖章，或者采取录音、录像等方式进行记录，作为监督执法的依据。

第二十二条　市、县级食品药品监督管理部门应当于日常监督检查结束后2个工作日内，向社会公开日常监督检查时间、检查结果和检查人员姓名等信息，并在生产经营场所醒目位置张贴日常监督检查结果记录表。

食品生产经营者应当将张贴的日常监督检查结果记录表保持至下次日常监督检查。

第二十三条　对日常监督检查结果属于基本符合的食品生产经营者，市、县级食品药品监督管理部门应当就监督检查中发现的问题书面提出限期整改要求。

被检查单位应当按期进行整改，并将整改情况报告食品药品监督管理部门。

监督检查人员可以跟踪整改情况，并记录整改结果。

第二十四条　日常监督检查结果为不符合，有发生食品安全事故潜在风险的，食品生产经营者应当立即停止食品生产经营活动。

第二十五条　市、县级食品药品监督管理部门在日常监督检查中发现食品生产经营者存在食品安全隐患，未及时采取有效措施消除的，可以对食品生产经营者的法定代表人或者主要负责人进行责任约谈。

责任约谈情况和整改情况应当记入食品生产经营者食品安全信用档案。

第二十六条　市、县级食品药品监督管理部门实施日常监督检查，有权采取下列措施，被检查单位不得拒绝、阻挠、干涉：

（一）进入食品生产经营等场所实施现场检查；

（二）对被检查单位生产经营的食品进行抽样检验；

（三）查阅、复制有关合同、票据、账簿以及其他有关资料；

（四）查封、扣押有证据证明不符合食品安全标准或者有证据证明存在安全隐患以及用于违法生产经营的食品、工具和设备；

（五）查封违法从事生产经营活动的场所；

（六）法律法规规定的其他措施。

第二十七条　市、县级食品药品监督管理部门在日常监督检查中发现食品安全违法行为的，应当进行立案调查处理。

立案调查制作的笔录，以及拍照、录像等的证据保全措施，应当符合食品药品行政处罚程序相关规定。

第二十八条　市、县级食品药品监督管理部门在日常监督检查中发现违法案件线索，对不属于本部门职责或者超出管辖范围的，应当及时移送有权处理的部门；涉嫌构成犯罪的，应当及时移送公安机关。

第四章　法律责任

第二十九条　食品生产经营者撕毁、涂改日常监督检查结果记录表，或者未保持日常监督检查结果记录表至下次日常监督检查的，由市、县级食品药品监督管理部门责令改正，给予警告，并处2000元以上3万元以下罚款。

第三十条　食品生产经营者违反本办法第二十四条规定的，由县级以上食品药品监督管理部门按照食品安全法第一百二十六条第一款的规定进行处理。

第三十一条　食品生产经营者有下列拒绝、阻挠、干涉食品药品监督管理部门进行监督检查情形之一的，由县级以上食品药品监督管理部门按照食品安全法第一百三十三条第一款的规定进行处理：

（一）拒绝、拖延、限制监督检查人员进入被检查场所或者区域的，或者限制检查时间的；

（二）拒绝或者限制抽取样品、录像、拍照和复印等调查取证工作的；

（三）无正当理由不提供或者延迟提供与检查相关的合同、记录、票据、账簿、电子数据等材料的；

（四）声称主要负责人、主管人员或者相关工作人员不在岗，或者故意以停止生产经营等方式欺骗、误导、逃避检查的；

（五）以暴力、威胁等方法阻碍监督检查人员依法履行职责的；

（六）隐藏、转移、变卖、损毁监督检查人员依法查封、扣押的财物的；

（七）伪造、隐匿、毁灭证据或者提供虚假证言的；

（八）其他妨碍监督检查人员履行职责的。

第三十二条 食品生产经营者拒绝、阻挠、干涉监督检查，违反治安管理处罚法有关规定的，由食品药品监督管理部门依法移交公安机关处理。

第三十三条 食品生产经营者以暴力、威胁等方法阻碍监督检查人员依法履行职责，涉嫌构成犯罪的，由食品药品监督管理部门依法移交公安机关处理。

第三十四条 监督检查人员在日常监督检查中存在失职渎职行为的，由任免机关或者监察机关依法对相关责任人追究行政责任；涉嫌构成犯罪的，依法移交司法机关处理。

第五章 附 则

第三十五条 市、县级食品药品监督管理部门对食品生产加工小作坊、食品摊贩等的日常监督检查，可以参照本办法执行。

第三十六条 本办法自2016年5月1日起施行。

食品生产经营风险分级管理办法（试行）

总局关于印发
食品生产经营风险分级管理办法（试行）的通知
食药监食监一〔2016〕115号

各省、自治区、直辖市食品药品监督管理局，新疆生产建设兵团食品药品监督管理局：

为深入贯彻《中华人民共和国食品安全法》，强化食品生产经营风险管理，科学有效实施监管，提升监管工作效能和食品安全保障能力，国家食品药品监督管理总局制定了《食品生产经营风险分级管理办法（试行）》，现印发给你们，请遵照执行。请结合本地区、本部门实际，制定本省食品生产经营风险分级管理工作规范，组织实施本省食品生产经营风险分级管理工作。各地在实施过程中出现的问题，请及时报告总局。

食品药品监管总局
2016年9月5日

第一章 总 则

第一条 为了强化食品生产经营风险管理，科学有效实施监管，落实食品安全监管责任，保障食品安全，根据《中华人民共和国食品安全法》（以下简称《食品安全法》）及其实施条例等法律法规，制定本办法。

第二条 本办法所称风险分级管理，是指食品药品监督管理部门以风险分析为基础，结合食品生产经营者的食品类别、经营业态及生产经营规模、食品安全管理能力和监督管理记录情况，按照风险评价指标，划分食品生产经营者风险等级，并结合当地监管资源和监管能力，对食品生产经营者实施的不同程度的监督管理。

第三条　食品药品监督管理部门对食品生产经营者实施风险分级管理，适用本办法。

食品生产、食品销售和餐饮服务等食品生产经营，以及食品添加剂生产适用本办法。

第四条　国家食品药品监督管理总局负责制定食品生产经营风险分级管理制度，指导和检查全国食品生产经营风险分级管理工作。

省级食品药品监督管理部门负责制定本省食品生产经营风险分级管理工作规范，结合本行政区域内实际情况，组织实施本省食品生产经营风险分级管理工作，对本省食品生产经营风险分级管理工作进行指导和检查。

各市、县级食品药品监督管理部门负责开展本地区食品生产经营风险分级管理的具体工作。

第五条　食品生产经营风险分级管理工作应当遵循风险分析、量化评价、动态管理、客观公正的原则。

第六条　食品生产经营者应当配合食品药品监督管理部门的风险分级管理工作，不得拒绝、逃避或者阻碍。

第二章　风险分级

第七条　食品药品监督管理部门对食品生产经营风险等级划分，应当结合食品生产经营企业风险特点，从生产经营食品类别、经营规模、消费对象等静态风险因素和生产经营条件保持、生产经营过程控制、管理制度建立及运行等动态风险因素，确定食品生产经营者风险等级，并根据对食品生产经营者监督检查、监督抽检、投诉举报、案件查处、产品召回等监督管理记录实施动态调整。

食品生产经营者风险等级从低到高分为 A 级风险、B 级风险、C 级风险、D 级风险四个等级。

第八条 食品药品监督管理部门确定食品生产经营者风险等级，采用评分方法进行，以百分制计算。其中，静态风险因素量化分值为 40 分，动态风险因素量化分值为 60 分。分值越高，风险等级越高。

第九条 食品生产经营静态风险因素按照量化分值划分为Ⅰ档、Ⅱ档、Ⅲ档和Ⅳ档。

第十条 静态风险等级为Ⅰ档的食品生产经营者包括：

（一）低风险食品的生产企业；

（二）普通预包装食品销售企业；

（三）从事自制饮品制售、其他类食品制售等餐饮服务企业。

第十一条 静态风险等级为Ⅱ档的食品生产经营者包括：

（一）较低风险食品的生产企业；

（二）散装食品销售企业；

（三）从事不含高危易腐食品的热食类食品制售、糕点类食品制售、冷食类食品制售等餐饮服务企业；

（四）复配食品添加剂之外的食品添加剂生产企业。

第十二条 静态风险等级为Ⅲ档的食品生产经营者包括：

（一）中等风险食品的生产企业，应当包括糕点生产企业、豆制品生产企业等；

（二）冷冻冷藏食品的销售企业；

（三）从事含高危易腐食品的热食类食品制售、糕点类食品制售、冷食类食品制售、生食类食品制售等餐饮服务企业；

（四）复配食品添加剂生产企业。

第十三条 静态风险等级为Ⅳ档的食品生产经营者包括：

（一）高风险食品的生产企业，应当包括乳制品生产企业、肉制品生产企业等；

（二）专供婴幼儿和其他特定人群的主辅食品生产企业；

（三）保健食品的生产企业；

（四）主要为特定人群（包括病人、老人、学生等）提供餐饮服务的餐饮服务企业；

（五）大规模或者为大量消费者提供就餐服务的中央厨房、用餐配送单位、单位食堂等餐饮服务企业。

第十四条 生产经营多类别食品的，应当选择风险较高的食品类别确定该食品生产经营者的静态风险等级。

第十五条 《食品生产经营静态风险因素量化分值表》（以下简称为《静态风险表》，见附件1）由国家食品药品监督管理总局制定。

省级食品药品监督管理部门可根据本行政区域实际情况，对《静态风险表》进行调整，并在本行政区域内组织实施。

第十六条 对食品生产企业动态风险因素进行评价应当考虑企业资质、进货查验、生产过程控制、出厂检验等情况；特殊食品还应当考虑产品配方注册、质量管理体系运行等情况；保健食品还应当考虑委托加工等情况；食品添加剂还应当考虑生产原料和工艺符合产品标准规定等情况。

对食品销售者动态风险因素进行评价应当考虑经营资质、经营过程控制、食品贮存等情况。

对餐饮服务提供者动态风险因素进行评价应考虑经营资质、从业人员管理、原料控制、加工制作过程控制等情况。

第十七条 省级食品药品监督管理部门可以参照《食品生产经营日常监督检查要点表》制定食品生产经营动态风险因素评价量化分值表（以下简称为动态风险评价表），并组织实施。

但是，制定食品销售环节动态风险因素量化分值，应参照《食品销售环节动态风险因素量化分值表》(见附件2)。

第十八条 食品药品监督管理部门应当通过量化打分,将食品生产经营者静态风险因素量化分值,加上生产经营动态风险因素量化分值之和,确定食品生产经营者风险等级。

风险分值之和为0—30(含)分的,为A级风险;风险分值之和为30—45(含)分的,为B级风险;风险分值之和为45—60(含)分的,为C级风险;风险分值之和为60分以上的,为D级风险。

第十九条 食品药品监督管理部门可以根据食品生产经营者年度监督管理记录,调整食品生产经营者风险等级。

第三章 程序要求

第二十条 食品药品监督管理部门评定食品生产经营者静态风险因素量化分值时应当调取食品生产经营者的许可档案,根据静态风险因素量化分值表所列的项目,逐项计分,累加确定食品生产经营者静态风险因素量化分值。

食品生产经营许可档案内容不全的,食品药品监督管理部门可以要求食品生产经营者补充提交相关的材料。

第二十一条 对食品生产经营动态风险因素量化分值的评定,可以结合对食品生产经营者日常监督检查结果确定,或者组织人员进入企业现场按照动态风险评价表进行打分评价确定。

食品药品监督管理部门利用日常监督检查结果对食品生产经营者实施动态风险分值评定,应当结合上一年度日常监督检查全项目检查结果,并根据动态风险评价表逐项计分,累加确定。

食品药品监督管理部门对食品生产经营者实施动态风险因素现场打分评价,按照《食品生产经营日常监督检查管理办法》确定,必要时,可以聘请专业技术人员参与现场打分评价工作。

第二十二条 现场打分评价人员应当按照本办法和动态风险评

价表的内容要求，如实作出评价，并将食品生产经营者存在的主要风险及防范要求告知其负责人。

第二十三条 监管人员应当根据量化评价结果，填写《食品生产经营者风险等级确定表》（以下简称为《风险等级确定表》，见附件3）。

第二十四条 评定新开办食品生产经营者的风险等级，可以按照食品生产经营者的静态风险分值确定。

食品生产者风险等级的评定还可以按照《食品、食品添加剂生产许可现场核查评分记录表》确定。

第二十五条 餐饮服务提供者风险等级评定结果可以作为量化分级调整的依据，具体办法由省级食品药品监督管理部门制定。

第二十六条 食品药品监督管理部门应当及时将食品生产经营者风险等级评定结果记入食品安全信用档案，并根据风险等级合理确定日常监督检查频次，实施动态调整。

鼓励食品药品监督管理部门采用信息化方式开展风险分级管理工作。

第二十七条 食品药品监督管理部门根据当年食品生产经营者日常监督检查、监督抽检、违法行为查处、食品安全事故应对、不安全食品召回等食品安全监督管理记录情况，对行政区域内的食品生产经营者的下一年度风险等级进行动态调整。

第二十八条 存在下列情形之一的，下一年度生产经营者风险等级可视情况调高一个或者两个等级：

（一）故意违反食品安全法律法规，且受到罚款、没收违法所得（非法财物）、责令停产停业等行政处罚的；

（二）有1次及以上国家或者省级监督抽检不符合食品安全标准的；

（三）违反食品安全法律法规规定，造成不良社会影响的；

（四）发生食品安全事故的；

（五）不按规定进行产品召回或者停止生产经营的；

（六）拒绝、逃避、阻挠执法人员进行监督检查，或者拒不配合执法人员依法进行案件调查的；

（七）具有法律、法规、规章和省级食品药品监督管理部门规定的其他可以上调风险等级的情形。

第二十九条 食品生产经营者遵守食品安全法律法规，当年食品安全监督管理记录中未出现本办法第二十八条所列情形的，下一年度食品生产经营者风险等级可不作调整。

第三十条 食品生产经营者符合下列情形之一的，下一年度食品生产经营者风险等级可以调低一个等级：

（一）连续3年食品安全监督管理记录没有违反本办法第二十八条所列情形的；

（二）获得良好生产规范、危害分析与关键控制点体系认证（特殊医学用途配方食品、婴幼儿配方乳粉企业除外）的；

（三）获得地市级以上人民政府质量奖的；

（四）具有法律、法规、规章和省级食品药品监督管理部门规定的其他可以下调风险等级的情形。

第四章 结果运用

第三十一条 食品药品监督管理部门根据食品生产经营者风险等级，结合当地监管资源和监管水平，合理确定企业的监督检查频次、监督检查内容、监督检查方式以及其他管理措施，作为制订年度监督检查计划的依据。

第三十二条 食品药品监督管理部门应当根据食品生产经营者风险等级划分结果，对较高风险生产经营者的监管优先于较低风险生产经营者的监管，实现监管资源的科学配置和有效利用。

（一）对风险等级为A级风险的食品生产经营者，原则上每年至少监督检查1次；

（二）对风险等级为B级风险的食品生产经营者，原则上每年至少监督检查1—2次；

（三）对风险等级为C级风险的食品生产经营者，原则上每年至少监督检查2—3次；

（四）对风险等级为D级风险的食品生产经营者，原则上每年至少监督检查3—4次。

具体检查频次和监管重点由各省级食品药品监督管理部门确定。

第三十三条　市县级食品药品监督管理部门应当统计分析行政区域内食品生产经营者风险分级结果，确定监管重点区域、重点行业、重点企业。及时排查食品安全风险隐患，在监督检查、监督抽检和风险监测中确定重点企业及产品。

第三十四条　市县级食品药品监督管理部门应当根据风险等级对食品生产经营者进行分类，可以建立行政区域内食品生产经营者的分类系统及数据平台，记录、汇总、分析食品生产经营风险分级信息，实行信息化管理。

第三十五条　市县级食品药品监督管理部门应当根据食品生产经营者风险等级和检查频次，确定本行政区域内所需检查力量及设施配备等，并合理调整检查力量分配。

第三十六条　各级食品药品监督管理部门的相关工作人员在风险分级管理工作中不得滥用职权、玩忽职守、徇私舞弊。

第三十七条　食品生产经营者应当根据风险分级结果，改进和提高生产经营控制水平，加强落实食品安全主体责任。

第五章　附　则

第三十八条　省级食品药品监督管理部门可参照本办法制定食用农产品市场销售、小作坊、食品摊贩的风险分级管理制度。

第三十九条 本办法由国家食品药品监督管理总局负责解释。
第四十条 本办法自 2016 年 12 月 1 日起施行。

附件：
附件 1：食品生产经营静态风险因素量化分值表（略）
附件 2：食品销售环节动态风险因素量化分值表（略）
附件 3：食品生产经营者风险等级确定表（略）

关于食品生产经营企业建立食品安全追溯体系的若干规定

总局关于发布
食品生产经营企业建立食品安全追溯体系若干规定的公告
2017年第39号

根据《中华人民共和国食品安全法》《国务院办公厅关于加快推进重要产品追溯体系建设的意见》（国办发〔2015〕95号）和《食品药品监管总局关于推动食品药品生产经营者完善追溯体系的意见》（食药监科〔2016〕122号）等规定，国家食品药品监督管理总局研究制定了《关于食品生产经营企业建立食品安全追溯体系的若干规定》，现予发布。

特此公告。

食品药品监管总局
2017年3月28日

一、适用范围

本规定适用食品生产经营企业建立食品安全追溯体系及食品药品监管部门的指导和监督。所指食品生产经营企业，包括食品生产企业，食品、食用农产品销售企业，餐饮企业，食品、食用农产品运输、贮存企业等食品药品监管部门应当依法监管的企业。本规定不包括《中华人民共和国食品安全法》确定的特殊食品生产经营企业；不适用食品、食用农产品销售企业销售自制食品；不适用餐饮企业销售非预包装食品。不适用的食品生产经营主体和行为，可参照本规定建立食品安全追溯体系。

二、工作目标

食品生产经营企业通过建立食品安全追溯体系，客观、有效、真实地记录和保存食品质量安全信息，实现食品质量安全顺向可追踪、逆向可溯源、风险可管控，发生质量安全问题时产品可召回、原因可查清、责任可追究，切实落实质量安全主体责任，保障食品质量安全。

三、基本原则

食品生产经营企业建立食品安全追溯体系以及食品药品监管部门指导和监督，应当遵循以下基本原则：

一是企业建立。食品生产经营企业是第一责任人，应当作为食品安全追溯体系建设的责任主体，根据相关法律、法规与标准等规定，结合企业实际，建立食品安全追溯体系，履行追溯责任。

二是部门指导。食品药品监管部门根据有关法律、法规与标准等规定，指导和监督食品生产经营企业建立食品安全追溯体系。

三是分类实施。食品生产经营企业数量多、工艺差别大、规模水平参差不齐，既要坚持基本原则，也要注重结合食品行业发展实际，分类实施，逐步推进，讲究实效，防止"一刀切"。

四是统筹协调。按照属地管理原则，在地方政府统一领导下，各相关部门做好统筹、协调、推进工作。食品药品监管部门要注重同农业、出入境检验检疫等部门沟通协调，促使食品、食用农产品追溯体系有效衔接。

四、追溯信息内容

食品生产经营企业建立食品安全追溯体系的核心和基础，是记录全程质量安全信息。

（一）生产企业应当记录的基本信息

1. 产品信息。企业应当记录生产的食品相关信息，包括产品名称、执行标准及标准内容、配料、生产工艺、标签标识等。情况发生变化时，记录变化的时间和内容等信息。应当将使用的食品标签实物同时存档。

2. 原辅材料信息。企业应当建立食品原料、食品添加剂和食品包装材料等食品相关产品进货查验记录制度，如实记录原辅材料名称、规格、数量、生产日期或生产批号、保质期、进货日期及供货者名称、地址、负责人姓名、联系方式等内容，并保存相关凭证。企业根据实际情况，原则上确保记录内容上溯原辅材料前一直接来源和产品后续直接接收者，鼓励最大限度将追溯链条向上游原辅材料供应及下游产品销售环节延伸。

3. 生产信息。企业应当记录生产过程质量安全控制信息。主要包括：一是原辅材料入库、贮存、出库、生产使用等相关信息；二是生产过程相关信息（包括工艺参数、环境监测等）；三是成品入库、贮存、出库、销售等相关信息；四是生产过程检验相关信息，主要有产品的检验批号、检验日期、检验方法、检验结果及检验人员等内容，包括原始检验数据并保存检验报告；五是出厂产品相关信息，包括出厂产品的名称、规格、数量、生产日期、生产批号、检验合格单、销售日期、联系方式等内容。

企业要根据不同类别食品的原辅材料、生产工艺和产品特点等，确定需要记录的具体信息内容，作为企业生产过程控制规范，并在生产过程中严格执行。企业对相关内容调整时，应记录调整的相关情况。

原辅材料、半成品和成品贮存应符合相关法律、法规与标准等规定，需冷藏、冷冻或其他特殊条件贮存的，还应当记录贮存的相关信息。

4. 销售信息。企业应当建立食品出厂检验记录制度，查验出厂食品的检验合格证和安全状况，如实记录食品的名称、规格、数量、生产日期或生产批号、保质期、检验合格证号、销售日期及购货者名称、地址、负责人姓名、联系方式等内容,并保存相关凭证。

5. 设备信息。企业应当记录与食品生产过程相关设备的材质、采购、设计、安装、使用、监测、控制、清洗、消毒及维护等信息,并与相应的生产过程信息关联,保证设备使用情况明晰,符合相关规定。

6. 设施信息。企业应当记录与食品生产过程相关的设施信息,包括原辅材料贮存车间、预处理车间(根据工艺有无单设或不设)、生产车间、包装车间(根据工艺有无单设或不设)、成品库、检验室、供水、排水、清洁消毒、废弃物存放、通风、照明、仓储、温控等设施基本信息,相关的管理、使用、维修及变化等信息,并与相应的生产过程信息关联,保证设施使用情况明晰,符合相关规定。

7. 人员信息。企业应当记录与食品生产过程相关人员的培训、资质、上岗、编组、在班、健康等情况信息,并与相应的生产过程履职信息关联,符合相关规定。明确人员各自职责,包括质量安全管理、原辅材料采购、技术工艺、生产操作、检验、贮存等不同岗位、不同环节,切实将职责落实到具体岗位的具体人员,记录履职情况。根据不同类别食品生产企业特点,确定关键岗位,重点记录负责人的相关信息。

8. 召回信息。企业应当建立召回记录管理制度,如实记录发生召回的食品名称、批次、规格、数量、来源、发生召回原因、召回情况、后续整改方案、控制风险和危害等内容,并保存相关凭证。

9. 销毁信息。企业应当建立召回食品处理工作机制,记录对召回食品进行无害化处理、销毁的时间、地点、人员、处理方式等信息,食品药品监管部门实施现场监督的,还应当记录相关监管人员基本信息,并保存相关凭证。企业可依法采取补救措施、继续销售的,应当记录采取补救措施的时间、地点、人员、处理方式等信息,并保存相关凭证。

10. 投诉信息。企业应当建立客户投诉处理机制,对客户提出的书面或口头意见、投诉,如实记录相关食品安全、处置情况等信息,并保存相关凭证。

(二) 销售企业应当记录的基本信息

1. 进货信息。企业应当建立进货查验记录制度,查验供货者的许可证和食品出厂检验合格证或其他合格证明,如实记录食品的产地、名称、规格、数量、生产日期或生产批号、保质期、进货日期及供货者名称、地址、负责人姓名、联系方式等内容,并保存相关凭证。

实行统一配送经营方式的食品经营企业,可由企业总部统一查验供货者的许可证和食品合格证明文件,记录进货查验信息。

食用农产品销售企业应当建立食用农产品进货查验记录制度,在包装、保鲜、贮存、运输中使用的保鲜剂、防腐剂等食品添加剂和包装材料等食品相关产品应当符合食品安全国家标准,如实记录食用农产品的产地、名称、数量、进货日期及供货者名称、地址、负责人姓名、联系方式等内容,并保存相关凭证。

2. 贮存信息。企业应当按照保证食品安全的规定贮存食品,定期检查库存食品,及时清理变质或超过保质期的食品,如实记录贮存的相关信息,并保存相关凭证。

食品贮存应符合相关法律、法规与标准等规定,需冷藏、冷冻或其他特殊条件贮存的,还应当记录贮存过程的相关信息。

食品经营者贮存散装食品,应当在贮存位置标明食品的产地、名称、生产日期或生产批号、保质期、生产者名称及联系方式等内容。

3. 销售信息。从事食品批发的食品、食用农产品经营企业应当建立食品销售记录制度,如实记录批发食品的产地、名称、规格、数量、生产日期或生产批号、保质期、销售日期及购货者名称、地址、负责人姓名、联系方式等内容，并保存相关凭证。

食品经营企业销售散装食品，应当在散装食品的容器或外包装标明食品的产地、名称、生产日期或生产批号、保质期及散装食品生产经营者名称、地址、负责人姓名、联系方式等内容。散装食品来自不同的预包装食品混合而成，应当记录混合品种及比例等情况。

（三）餐饮企业应当记录的基本信息

1. 进货信息。企业应当建立进货查验记录制度，查验供货者的许可证和食品出厂检验合格证或其他合格证明，制定并实施原料控制要求，如实记录原料的产地、名称、规格、数量、生产日期或生产批号、保质期、进货日期及供货者名称、地址、负责人姓名、联系方式等内容，并保存相关凭证。

实行统一配送经营方式的食品经营企业，可由企业总部统一查验供货者的许可证和食品合格证明文件，记录进货查验信息。

2. 贮存信息。企业应当按规定维护食品加工、贮存、陈列等设施、设备，清洗、校验保温设施及冷藏、冷冻设施，并记录相关信息。

（四）食品生产经营企业应当记录的运输、贮存、交接环节等基本信息

1. 运输信息。包括由食品生产企业，食品、食用农产品经营企业，餐饮企业，相关的运输企业，或其他负责食品、食用农产品运输企业的运输行为。企业应当建立运输记录管理制度，记录运输相关信息，包括运输产品的产地、名称、数量、批次、交通工具、运输时间、运输人员及负责人姓名、联系方式、双方交接情况等保障食品安全的运输信息，并保存相关凭证。

食品、食用农产品的运输过程应当符合相关法律、法规与标准等规定。需冷藏、冷冻或其他特殊条件运输的，还应当记录运输过程的相关信息。

2. 贮存信息。包括由食品生产企业异地贮存采购的原辅材料和成品，食品、食用农产品经营企业异地贮存采购的产品，餐饮企业异地贮存采购的产品，相关的贮存企业，或其他负责食品、食用农产品贮存企业的贮存行为。食品生产经营企业应当建立食品贮存记录管理制度，记录贮存的相关信息，包括贮存产品的产地、名称、数量、批次、入库、出库、仓库管理、双方交接人员姓名、联系方式等保障食品安全贮存要求信息，并保存相关凭证。

食品、食用农产品的贮存过程应当符合相关法律、法规与标准等规定。需冷藏、冷冻或其他特殊条件贮存的，还应当记录贮存的相关信息。

3. 交接信息。交接环节是指食品、食用农产品在食品生产经营企业之间的交付接收过程。应当保证各食品生产经营企业建立的食品质量安全追溯体系与食用农产品生产者，即种植养殖环节食用农产品追溯体系有效衔接，并保存相关凭证。

交接环节食品、食用农产品的一进一出，即不论物权归属，食品生产经营企业均需记录一进一出交接信息。应当在进货查验记录制度、出厂检验记录制度等要求记录的信息基础上，记录交接的时间、地点、人员、运输方式、运输工具等信息，保证食品、食用农产品在不同主体间流转有序，确保食品安全，并保存相关凭证。

4. 其他应当记录的基本信息。食品、食用农产品销售企业，餐饮企业，食品、食用农产品运输、贮存企业应当记录的设备、设施、人员、召回、销毁、投诉等信息，参照前述生产企业的相关信息内容，如实记录、保存。

五、信息记录、保存和衔接

企业食品安全信息记录与保存，是食品安全追溯体系有效运行的基础，信息链条的衔接是根本保障。

（一）信息记录。一是有效。记录的信息应当全面反映食品生产经营全过程质量安全控制实际情况。企业应当根据保障食品安全的需要、生产经营的特点和信息采集记录技术的发展水平,科学设定信息的采集点、采集数据、采集频率、采集方法、建立追溯平台形式等要求。防止发生问题后,应当记录的信息没有记录、记录的信息无法使用或记录的频率过低等,导致无法查清问题原因的现象。信息应当形成闭环,前后衔接,环环相扣。二是真实。企业应当真实记录采集的信息。能够实时采集的信息,应当实时采集、自动记录。手工记录的信息,要核查记录人员是否如实记录。纸质信息,要保存原始记录;电子信息,要保存初次采集数据。手工记录的信息,后期录入计算机的,要核查信息录入是否真实。所有信息记录应由记录和审核人员复核签名,确保信息记录内容完整。

(二)信息保存。一是不能灭失。采用纸质记录存储的,要明确保管方式;采用电子信息手段存储的,要有备份系统。无论采取何种保存形式,都要明确保管人员职责,防止发生信息部分或全部损毁、灭失等问题。信息记录和凭证保存期限不得少于产品保质期满6个月;没有明确保质期的,保存期限不得少于2年。二是不能修改。建立追溯体系所采集的信息,应当从技术上、规范上、制度上保证不能修改。确因特殊情况需要修改的,必须保存修改前的原始信息,并注明修改原因。

(三)信息衔接。一是食品药品监管部门负责指导、监督追溯关联企业之间的追溯信息有效衔接。食品生产企业的采购和销售信息,食品、食用农产品销售企业的采购和销售信息,餐饮企业的采购信息,及其相关的贮存、运输等信息,要保证有效衔接。二是食品药品监管部门要积极协调与农业部门逐步构建贯通食用农产品生产、流通、消费全过程的食品安全追溯体系,并通过监督食品生产企业、食用农产品经营企业、餐饮企业落实进货查验制度,实现与农业部门建立食用农产品安全追溯体系的有效衔接。三是食品药品监管部门要积极协调与出入境检验检疫部门逐步构建贯通进出口食品和食用农产品生产、流通、消费全过程的食品安全追溯体系,实现与出入境检验检疫部门建立进口食品和食用农产品安全追溯体系的有效衔接。

六、企业建立食品安全追溯体系基本要求

食品生产经营企业负责建立、实施和完善食品安全追溯体系，保障追溯体系有效运行。

（一）科学严谨，可追可溯。企业应当建立食品安全追溯制度规范，适用和涵盖企业组织实施追溯的人员，生产经营各个环节实施追溯的记录，追溯方式及相关硬件、软件运用，追溯体系实施等要求。记录可采用纸质或电子信息手段记录，鼓励企业采用信息化手段记录和保存信息。

（二）统筹推进，积极实施。企业应当按照建立的食品安全追溯体系，严格组织实施。出现产品不符合相关法律、法规、标准等规定，或发生食品安全事故等情况，要依托追溯体系，及时查清流向，召回产品，排查原因，迅速整改。涉及相关食品生产经营企业的，应当按规定及时通报。

（三）不断完善，逐步提高。企业在追溯体系实施过程中，应及时分析问题、查找原因，特别是对发生食品安全问题或发现制度存在不适用、有缺环、难追溯的情况，要及时采取措施，调整完善。企业的组织机构、设备设施、生产经营方式、管理制度及相关人员等发生变化，应当及时调整追溯体系的相应要求，确保追溯体系运行的连续性。

七、监管部门指导和监督

地方食品药品监管部门要指导和监督食品生产经营企业建立食品安全追溯体系，落实质量安全主体责任。

（一）明确责任。地方政府应当依法履行领导责任，组织、协调、推动食品生产经营企业建立追溯体系工作。食品药品监管部门要依法履行监管责任，省级食品药品监管部门应当根据相关法律、法规与标准规定和本规定，结合行政区域食品生产经营企业实际，制定具体措施,明确各级责任。切实建立与农业、出入境检验检疫等部门沟通协调工作机制,确保不同的追溯责任主体之间有效衔接。探索建立指导与监督企业建立追溯体系的追溯工作信息化平台,掌握食品生产经营企业基本情况及建立追溯体系运行情况,并通过预警管理、远程监督、指挥联动、现场检查等协调机制,促进企业不断完善食品安全追溯体系,履行追溯责任。

(二)先行试点。省级食品药品监管部门要结合不同品种食品、食用农产品的生产经营特点,具体企业生产经营实际,及追溯依托科学技术的发展水平,不同追溯方式导致生产经营成本增减等多方因素,做好试点工作。可本着先主后次、先简后难原则,在一类或几类食品,特别是高风险食品中选择代表性企业先行试点,不断发现问题、解决问题、探索途径、总结经验。地市级食品药品监管部门应当重点做好推广试点经验工作,县级食品药品监管部门应当重点做好食品生产经营企业建立食品安全追溯体系的日常指导、完善和监督工作。防止急功近利,追求形式、走过场等行为,切实做到分类实施,稳步推进,逐步覆盖所有食品生产经营企业。争取"十三五"末,基本实现大米、小麦粉、婴幼儿配方乳粉、食用植物油、白酒等重点食品安全可追溯。

(三)督促落实。地方食品药品监管部门要加强对食品生产经营企业建立食品安全追溯体系情况监督检查,对于没有建立追溯体系、追溯体系不能有效运行,特别是出现不真实信息或信息损毁、灭失的,要依照相关法律法规等规定严肃处理。不断探索根据监管工作需要调用企业追溯信息的方式方法,提高监管工作的针对性和有效性,严防区域性、系统性食品质量安全问题的发生。省级食品药品监管部门应当适时分析总结食品质量安全追溯体系实施情况,报告国家食品药品监督管理总局。

八、引导社会力量共同推进食品安全追溯体系建设

食品生产经营企业建立食品安全追溯体系是一项系统工程,信

息记录纷繁复杂，追溯环节链条长，专业技术性强，相互衔接难度大，需要社会各方切实共同努力，共同推进。

（一）切实发挥行业协会规范引导作用。鼓励和支持行业协会组织、推动企业开展食品安全追溯体系试点工作，探索、制定行业食品安全追溯体系建设指导规范，搭建合法、权威、公正的第三方行业追溯实施情况咨询平台。相关行业协会应当加强与食品药品监管部门联系，及时沟通、交流和解决食品安全追溯体系建设中存在的问题。

（二）切实发挥技术机构技术支撑作用。鼓励和支持科研院所、检验检测机构、追溯防伪技术专业性组织等技术机构跟踪食品行业技术发展，研究不同类型食品生产经营企业建立食品安全追溯体系的技术要求，探索实现不同的追溯技术手段，促进食品安全追溯体系不断完善、提高技术层次与科学运行水平。

（三）切实发挥社会监督作用。坚持社会共治，对未按规定建立食品安全追溯体系的企业，鼓励公众通过正常渠道进行社会监督，促进企业不断完善内部质量管理体系，对消费者负责，对社会负责。

通过大力推动食品生产经营企业建立食品安全追溯体系，逐步实现"从农田到餐桌"全过程追溯，落实企业安全主体责任，提升食品安全整体水平，保障我国食品行业规范、持续、健康发展。

总局关于推动食品药品生产经营者完善追溯体系的意见

食药监科〔2016〕122号

各省、自治区、直辖市食品药品监督管理局,新疆生产建设兵团食品药品监督管理局,总局机关各司局、各直属单位:

根据《中华人民共和国食品安全法》《中华人民共和国药品管理法》《医疗器械监督管理条例》《化妆品卫生监督条例》等有关法律法规的规定和《国务院办公厅关于加快推进重要产品追溯体系建设的意见》(国办发〔2015〕95号)文件精神,为控制食品药品安全风险,保护消费者权益,现就推动食品药品生产经营者完善食品药品追溯体系提出如下意见:

一、食品药品追溯体系是食品药品生产经营者质量安全管理体系的重要组成部分。食品药品生产经营者应当承担起食品药品追溯体系建设的主体责任,实现对其生产经营的产品来源可查、去向可追。在发生质量安全问题时,能够及时召回相关产品、查寻原因。

二、食品生产经营者应当按照有关法律法规要求分别对其原辅料购进、生产过程、产品检验和销售去向等如实记录,保证数据的真实、准确、完整和可追溯。原则上,食品生产经营者均应采用信息化手段建立追溯体系。不具备信息化条件的生产经营者,可采用纸质记录等实现可追溯。纸质记录保存期限按照《中华人民共和国食品安全法》有关规定执行。

三、药品、医疗器械生产企业应当按照其生产质量管理规范(GMP)要求对各项活动进行记录。记录应当真实、准确、完整和可追溯。鼓励药品、医疗器械生产企业对产品最小销售单位赋

— 131 —

以唯一性标识，以便经营者、消费者识别。植入性医疗器械应当标记生产企业名称或商标、批代码（批号）或系列号，以保证可追溯。

药品、医疗器械经营企业应当按照其经营质量管理规范（GSP）要求对各项活动进行记录。记录应当真实、准确、完整和可追溯，以保证药品、医疗器械购进、养护、出库、运输等环节可追溯，并按规定使用计算机信息管理系统进行有效管理。

药品、医疗器械使用单位应当按照《医疗机构药品监督管理办法（试行）》和《医疗器械使用质量监督管理办法》要求对药品和医疗器械的购进、验收、储存、使用等情况进行记录。

四、化妆品生产企业应当按照《化妆品卫生监督条例》等有关法规规定，确保产品生产、质量控制等活动可追溯，并记录产品进入流通环节的流向信息，实现产品去向可查、问题产品及时召回。化妆品生产经营者应当以进口化妆品、国产特殊用途化妆品、儿童化妆品等风险程度较高的产品为重点，推进追溯体系建设。

五、地方各级食品药品监管部门要按照《中华人民共和国食品安全法》《中华人民共和国药品管理法》《医疗器械监督管理条例》《化妆品卫生监督条例》等有关法律法规的规定，督促行政区域内相关生产经营者认真落实产品追溯主体责任，并对原料来源记录、生产过程记录、购销记录等追溯体系建设要求的落实情况进行督促检查和总结。对不履行追溯责任者依法及时查处。

六、鼓励生产经营者运用信息技术建立食品药品追溯体系。鼓励信息技术企业作为第三方，为生产经营者提供产品追溯专业服务。各级食品药品监管部门不得强制要求食品药品生产经营者接受指定的专业信息技术企业的追溯服务。

七、鼓励行业协会组织企业搭建追溯信息查询平台，为监管部门提供数据支持,为生产经营者提供数据共享,为公众提供信息查询。

八、麻醉药品、精神药品生产经营企业应当按照《麻醉药品和精神药品管理条例》有关监控信息网络的要求,建立追溯体系。具体内容由总局另行规定。

食品药品监管总局
2016 年 9 月 22 日

食品药品监管总局关于动物源性食品生产经营环节兽药残留若干管理规定的公告

2017 年第 17 号

为进一步加强动物源性食品生产经营环节兽药残留管理,禁止违法违规使用兽药,规范动物源性食品生产加工行为,根据《中华人民共和国食品安全法》及相关法律法规有关要求,现将有关规定公告如下:

一、动物源性食品生产者应严格落实原料进货查验记录制度,禁止使用《动物性食品中兽药最高残留限量》(农业部公告235号)附录2、附录3所列出的兽药超标的畜禽肉和水产品作为原料加工食品;禁止使用含有农业部公告235号附录4所列出兽药的畜禽肉和水产品作为原料加工食品;禁止使用含有《食品动物禁用的兽药及其它化合物清单》(农业部公告193号)所列兽药及国家明令禁止的其他兽药的畜禽肉和水产品作为原料加工食品。

二、动物源性食品生产者应严把进货关,禁止采购无畜禽产品检验检疫合格证明和肉品品质检验合格证以及注水、注胶、病死、来源不明或记录不完整等畜禽肉。猪肉必须选用生猪定点屠宰企业的产品。

三、动物源性食品生产者在生产加工过程中禁止使用《食品安全国家标准食品添加剂使用标准》(GB 2760—2014)规定以外的化学物质和其他可能危害人体健康的物质。

四、动物源性食品生产者应建立从原料到产品的追溯记录制度,如实记录畜禽和水产品的名称、数量、进货日期以及供货者名称、地址、联系方式等内容,保存相关凭证,并保证采购的畜禽产品来源可追溯。

五、动物源性食品经营者应严格落实食品安全主体责任,履行法律义务,规范经营行为,严把畜禽肉和水产品进货关,应严格查验相关检验检疫合格证明,索取相应的产地证明或者购物凭证、合格证明文件等,并做好查验记录。

六、动物源性食品经营者禁止销售病死、毒死、或者死因不明的畜禽肉;禁止销售无检验检疫合格证明和肉品品质检验合格证的畜禽产品。

七、动物源性食品经营者禁止在动物和水产品运输过程中给动物注射、饮用增加动物储水率和提高水产品运输存活率的药物或其他化学物质。

八、所有规模化的动物源性食品生产企业、经营企业、餐饮企业逐步建立相应稳定的供货渠道,并进行供应商审核,签订质量协议,进货时查验,确保购进原料和产品符合食品安全标准。

九、动物源性食品生产者发现其生产的食品不符合食品安全标准或者有证据证明可能危害人体健康的,应当立即停产,召回已经上市销售的食品,通知相关经营者和消费者,并记录产品召回和通知情况。

十、动物源性食品经营者对抽检中发现兽药残留超标的应立即停止销售,依照有关法律法规的要求予以销毁,防止再次流入市场。

十一、各地食品药品监管部门要按照《中华人民共和国食品安全法》(以下简称《食品安全法》)等法律法规要求,加大对动物源性食品兽药残留监管力度,对违反上述规定的生产经营者,要依照《食品安全法》等法律法规规定严厉处罚。

十二、各地食品药品监管部门要按照《食品安全法》《食品安全抽样检验管理办法》等法律法规要求,加强动物源性食品监督抽检工作。所有参与抽检的工作人员要严守保密纪律,禁止泄露抽检时间、抽检样品、抽样地点、抽检商户、抽检结果等相关抽检信息。对违反相关规定的人员要依法追究责任。

十三、各地食品药品监管部门要与农业部门密切配合，协同行动，加大对动物源性食品非法使用违禁药物或滥用兽药等违法行为的打击力度。及时向农业部门提供非法使用兽药或者兽药残留超标的线索或监督抽检兽药残留超标的信息。涉及刑事犯罪的，及时移送公安机关。

十四、各级食品药品监管部门要进一步加强宣传和科普教育，主动开展风险交流，要将查处非法使用农兽药案件列为宣传工作重点，普及饲料、饲养和安全使用农兽药知识，努力提高社会各方面对农兽药使用管理重要性的认识，形成社会共治良好氛围。

特此公告。

食品药品监管总局
2017年2月20日